Tarek Leitner
Peter Coeln

HILDE & GRETL

Über den Wert der Dinge

Brandstätter

„In der ausgestellten Gesellschaft ist jedes Subjekt sein eigenes Werbe-Objekt. Alles bemisst sich an seinem Ausstellungswert. Die ausgestellte Gesellschaft ist eine pornografische Gesellschaft. Alles ist nach außen gekehrt, enthüllt, entblößt, entkleidet, exponiert."

Byung-Chul Han, Transparenzgesellschaft

BIN IN KIRCHE
bin Friedhof
BITTE NICHT KLOPFEN !
SIND BEI "OTT"
FRIEDHOF + KLACKL
BIN IN KIRCHE
KOMME GLEICH
SIND BEI EHRENBERGER
BIN AM FRIEDHOF
sind am Friedhof
Bitte bei Fenster klopfen !
BIN BEI DR. ZAUNER
BIN AM FRIEDHOF
KOMME GLEICH
KOMME GLEICH BITTE NICHT KLOPFEN
BITTE NICHT KLOPFEN KOMME GLEICH !
GLEICH
Komme gleich

Hilde und Gretl gingen in den Himmel.

Wo sind die beiden?

„Komme gleich“

„Sind bei Ott“

„Bitte bei Fenster klopfen“

„…“

„Bin bei Dr. Zauner“

„Bin in Kirche“

„Bin Friedhof“

„Bitte nicht klopfen – komme gleich!“

Die beiden Cousinen Hilde und Gretl, um die es hier geht, sind in den Geschichten, die übrig geblieben sind. Aber, wo genau, das lässt sich einstweilen kaum ausmachen. Die Geschichten sind zu sehr verstreut, in jeder Lade eine andere, manchmal nur ein Teil, der andere in der Speisekammer, am Dachboden oder in einer der unzähligen Schuhschachteln, die penibel beschriftet sind – und uns mit ihren Hinweisen doch ständig in die Irre führen. Wir wollen in diesem Buch die Hinweise auf ihr Leben, auf zwei Leben im 20. Jahrhundert, ausstellen.

ÜBERLEGEN

WAS EINEN WERT HAT

Beim Öffnen der Türe des Hauses Reinharterstraße 100, über der ausgebleicht und abgewaschen, kaum mehr lesbar „Schuhhaus Höfler" geschrieben steht, hören wir das leise Knistern, mit dem die Spinnweben zerreißen und den Weg ins Haus freigeben. Es ist der erste Eingriff in eine Welt, die für Jahre versunken war; versunken unter den Ablagerungen der Zeit. Sie haben das Haus und seine darin zurückgelassene Geschichte zunehmend unsichtbar gemacht. Außenwände waren zur Gänze hinter Efeu verschwunden, in der Dachrinne wurzelten kleine Bäume, die Fensterscheiben waren grau und ließen nur noch einen Schimmer Tageslicht hinein. Diese Sedimente, die von der Straßen- und der Gartenseite das Haus – je nach dem – mit Schmutz und Staub oder mit Pflanzen zudeckten, bildeten die Kapsel für eine Zeitblase, die im Zuge der Entstehung dieses Buches aufgestochen worden ist.

Es ist eigentlich nicht nur eine einzige Blase. Es ist vielmehr Schaum, der aus lauter kleinen Blasen besteht. In jedem Kasten, in jeder Lade, in jeder Vase, jeder Tasche, auf jedem Regal, hinter jedem Bild, im Klavier und in den Koffern, unter dem Teppich und zwischen den Fensterflügeln, an und hinter den Vorhängen und in der Küchenbank, in der Zigarettendose und im Brillenfutteral, im Lederetui, im Sparschweinchen und in jeder kleinen Schatulle ist die Zeit konserviert, und die Welt zweier Cousinen, wie sie im 20. Jahrhundert in Erscheinung getreten ist. Jeder dieser Hohlräume ist gleichsam der *Weltinnenraum* von Hilde und Gretl aus Gars am Kamp. In manchem hat sich ein Jahrzehnt gefunden, an anderer Stelle das ganze Leben eines Verwandten, manchmal ein Unternehmen (etwa das Schuhgeschäft oder der Beherbergungsbetrieb), dann auch wieder nur eine Unternehmung (etwa die Pilgerfahrt nach Medugorje). Es finden sich bunte und launige Ansichtskarten vom Strand in Jesolo und Feldpostbriefe aus beiden Weltkriegen, die wohl um nicht mehr als ein paar Euro das Stück auf Flohmärkten gehandelt werden. Sie sind Massenware auf dem Markt der Kuriositäten. Dort zeigen sie uns Momentaufnahmen aus fremden Leben, die wir nicht einordnen können. Hier aber sind sie Puzzleteile für ein engmaschiges Netz, das unsichtbar im ganzen Haus ausgebreitet ist. In jeder Lade, in Vasen und Vitrinen, unter den Betten und auf den Kästen, hinter dem Kühlschrank und in den Schachteln der Speis, überall sind Knotenpunkte des Netzes, das wir ausgebreitet vor uns haben, und das uns ein Jahrhundert von Beziehungen einer Gruppe von Menschen erschließt, die wir nie gesehen haben. Auch wenn wir sie persönlich nicht kennengelernt haben, fürchte ich mich, beim Durchsehen der Feldpostbriefe, schreckliche Überraschungen zu finden. Die Lagerbaracken auf den beigelegten Photos stellen sich bei genauerer Recherche allerdings nur als Lazarett heraus.

Jede Schaumblase, und ihr unvermitteltes Aufstechen, war uns eine Überraschung. Es war eine Zeitreise, nicht nur in *eine* Vergangenheit, sondern in viele verschiedene - zurück und vor, und dann wieder vermeintlich ganz an den Anfang, als hinter dem Ofen doch noch Älteres zum Vorschein gekommen ist.
Wie bei einer Matrjoschka Babuschka haben wir ein Behältnis nach dem anderen aufgemacht. In der Lade die Schuhschachtel, darin die Holzkiste mit der Schatulle, in der ein Döschen mit einem klein gefalteten Kuvert versteckt war. Aber anders als bei der Matrjoschka Babuschka, bei der die jeweils nächste zum Vorschein kommende Puppe die nächste Generation symbolisiert, sind wir bei den vorgefundenen Behältnissen durch die Zeit hin- und hergesprungen. Das Ordnungssystem hatte nicht die Logik, wonach Älteres von Neuerem umhüllt wird.

Was immer es auch war, das da zum Vorschein gekommen ist, die Verbindung einer jeden Sache zur Zeit, in der sie geschaffen oder gebraucht worden ist, allenfalls in Verbindung mit einer anderen Sache, in einer anderen Lade, erzählt eine Geschichte aus dem Leben der beiden Cousinen Hilde und Gretl, aber auch aus der Welt ihrer Zeit. Wir lieben diesen Charakter der Dinge - und kaufen Vintage-Möbel und Vintage-Deckerl, oder Garderoben, die aus einem ehemaligen Schiffsbug gezimmert sind, und einen Schirmständer, der einst als Orgelpfeife diente, oder ein Tischerl, das einst Autoreifen war. Das allerdings sind nur die globalisierten Ikea-Geschichten, die so schnell an uns vorüberziehen, dass die erstandenen Produkte schon beim Einräumen auf

Parkdeck 4 all die ihnen anhaftende Emotionalität wieder verloren haben, die uns die Sache gerade schmackhaft gemacht hat. Das sind die Dinge, mit denen wir uns ummüllen. Das ist das uns innewohnende Messie-Syndrom, der Mangel an Fähigkeit, die uns umgebende Welt in Ordnung zu halten. Die ständige Produktion von Alltagsgegenständen, die uns rundherum buchstäblich über den Kopf wachsen, ist gleichzeitig die ständige Produktion von Müllbergen. *Das Hauptprodukt der modernen und postmodernen kapitalistischen Industrie*, schreibt Jaques-Alain Miller, ist *der Müll. Wir sind postmoderne Wesen, weil wir erkennen, dass all unsere ästhetisch ansprechenden Konsumgüter letztlich als Überreste enden werden, bis zu dem Punkt, an dem sie die Erde in eine riesige Wüste verwandeln werden. Man verliert den Sinn für das Tragische, man nimmt den Fortschritt spöttisch wahr.* Der Fortschritt liegt darin, dass die genormte Puppe eines amerikanischen Spielzeugherstellers im Sekundentakt weltweit verkauft wird. Wie schwer hätten sich unsere Protagonistinnen Hilde und Gretl getan, jene Ordnung in ihre Welt zu bringen, der wir hier nachspüren, wenn das ganze 20. Jahrhundert schon eine solche Turbo-Konsumption geboten hätte? Wir hätten in ihrer übersichtlichen und bescheidenen Bibliothek, die sich rund um ein Konsalik-Simmel-Zentrum ausbreitet, wohl Ratgeber-Literatur gefunden: „Trenne dich von allem Ballast“, oder „Räum dein Leben auf!“ oder „Drei Dinge, die du wirklich brauchst“.

Es ist herausfordernder denn je, täglich zu entscheiden, was aufzuheben, was wegzuwerfen ist. Was hat einen funktionellen Wert, was zumindest einen ideellen? Was hat seinen Wert verloren, und wird auch in keinem anderen Zusammenhang mehr einen bekommen? Es ist eine Kulturtechnik zu unterscheiden, wovon man sich zu trennen hat, was seinen Platz im Hause behält. Diese Kulturtechnik wird uns aber nicht gelehrt. Sie ist auch einem Wandel unterworfen, so rasch, wie sich auch die uns umgebenden Dinge ändern. Wir müssen sie uns ein Leben lang erarbeiten. Oft braucht es einen Schritt zurück, um aus einiger Entfernung einen Blick auf das Alleralltäglichste, das was uns ständig umgibt, zu werfen. Die meiste Zeit ist es zu nah, um es sehen und erkennen zu können. Es geht uns doch meistens so, dass wir die eigene Einrichtung nicht mehr bewusst wahrnehmen. Wir werden blind dafür, bis uns Besucher aus dem engerem Freundeskreis, deren Anstand keine unnötige Zurückhaltung gebietet, sagen, das passt aber gar nicht, das musst du umstellen, das musst du ändern, das musst du entfernen!

Was diese Kulturtechnik betrifft, so haben sich Hilde und Gretl da davon gestohlen, es sich deshalb aber nicht leichter gemacht. Im Gegenteil. Bei ihnen kann man gut studieren, was sich im Leben eines Menschen, oder – wie in diesem Fall – im Leben zweier Menschen alles ansammelt. *Sie* sammelten nichts. *Es* sammelte sich. Und sie ordneten dann. Es ist der Unterschied zwischen Zielgerichtetheit, die auf die Vervollständigung einer Art von Dingen gerichtet ist, und die Sammlung aller Spuren des Lebens an sich, eine *An*sammlung also, von Spuren. Und solche Spuren haben sich beim ersten Betreten des ehemaligen Schuhhauses Höfler in Gars, in Niederösterreich, beim Öffnen der Türe des Hauses Reinharterstraße 100, vor uns ausgebreitet. Aber das war nicht gleich so klar zu erkennen.

Misstraue der Idylle: Wir ahnten nicht, wie knapp es war, das Massaker an den Dingen zu verhindern.

SHEBA

Männer verkehrten im Hause nicht. Mancher, der es in der Vergangenheit oftmals passiert hatte, tastete sich langsam zu uns vor: Was machen Sie aus dem Haus?

Sedimente, die an Straßen- und Gartenseite das Haus mit Schmutz, Staub und Pflanzen zudeckten, bildeten eine Zeitblase, die im Zuge der Entstehung dieses Buches aufgestochen wurde.

Der durchschnittliche Engerlbesatz im Schuhhaus Höfler lag bei 4,5 Stück pro Quadratmeter.
Nur der geübte Stiadler kann sie sortenrein in entsprechende Sammelkisten zuordnen.

Unmittelbar nach dem letzten Weihnachtsfest fiel das Haus in einen Dornröschenschlaf.
Geschenke lagen unausgepackt auf dem Tisch, „Stille Nacht“ stand zum Klavierspiel bereit.

Mancher Besucher, der während der Sichtungs- und Räumarbeiten ins Haus schaute, war nicht schlecht erstaunt, als seine Frage, was aus dem Haus werde, mit „Ein Buch!“ beantwortet wurde.

In den Jahren, als niemand im Hause zugegen war, stimmte jeweils an einem einzigen Tag im Jahr das Arrangement. – Wir hatten den Eindruck, in gerade noch laufende Weihnachtsfeierlichkeiten zu platzen.

Beim Hineinkriechen in die Welt der beiden Cousinen gibt es immer wieder magische Augenblicke des ersten Mals. Der einmalige Moment des Aufstechens einer Zeitkapsel. Beim Öffnen der nächsten Schachtel, beim Betreten eines weiteren Raums.

Wie frisch sich uns manche Ecke dargeboten hatte. Wir verdanken solche Eindrücke dem Hang der beiden zur Plastikflora.

„Gretl ist sehr attraktiv drauf“ notiert Hilde (rechts), die Chronistin der Mußestunden. Der Plastikteller mit der Szene beim Einzug in ein spanisches Hotel wurde daher für umgerechnet 50 Schilling gekauft.

STAUNEN

WAS ÜBRIG GEBLIEBEN IST

Im Hause herrschte auf den ersten Blick ein heilloses Durcheinander. Es hätte viele potentielle Käufer wohl gleich hinausstürmen lassen, ohne über das Objekt noch einmal nachzudenken. Durch den Eindruck von Müll und Gestank wäre es kurz nach der Besichtigung abgeschrieben und gestrichen gewesen. Es ist allerdings weniger als andere Häuser ein *Objekt*. Die Geschichten, die es birgt, verleihen ihm die Eigenschaften eines Subjekts. Und wer sich selbst darin sieht, sich durch die frisch ausgemalten Zimmer gehen sieht, in dieser Ecke in einem Sessel Platz zu nehmen sieht, um in den dann neu gestalteten Garten zu schauen, kann der Sache vielleicht schon etwas mehr abgewinnen. Wer beim ersten Blick in die Räume auf diese Art und Weise fühlt, denkt sich all den Alltagsschutt der Jahrzehnte weg, die aus der Mode gekommenen Kästen und Tischchen, Deckerl und Lampen, die veraltete Küche und die abgetretenen Teppiche, und lässt in seiner Phantasie die Räume neu aufleben. Das Ausräumen müsste natürlich mithilfe einer großen Schuttmulde erfolgen, in die binnen weniger Stunden alles hineingeschmissen und auf die nächste Mülldeponie abtransportiert wäre. Die Spuren eines Jahrhunderts ließen sich rasch beseitigen. Was über Jahrzehnte gewachsen ist, abgesägt wie ein Baum. Allenfalls würden die Männer, die mit ihren starken Armen Hausrat und kleine Möbel, ein paar Papiere und eine Vase an ihre Brust drücken, um das alles hinauszubringen, und in hohem Bogen in die Schuttmulde zu werfen, kurz auflachen und im Umdrehen den Kopf schütteln. Was da für ein Mist zusammengekommen ist, welch komische Blüten diese Verlassenschaft noch getrieben hat. Wir hatten die Macht, das Massaker an den Dingen zu verhindern.

Aus den Lampenschirmen der Wandappliken wachsen Topfpflanzen. Sie müssen vor Jahren die letzten Nährstoffe, die letzte Feuchtigkeit, dazu genutzt haben, sich einen Weg durch die Zimmerlandschaft zu bahnen. Jetzt sind die Blätter trocken und zerbröseln unter den Fingen in ascheartigen Staub. Die verholzten Zweige aber verbinden noch immer das Bettgestell mit der Beleuchtung und umrahmen das darüber hängende Bild eines Engels, der in düsterer Umgebung als leuchtendes Zentrum auf die Schlafenden blickt. Das Bild stößt mit seiner oberen Kante an einen Himmel von Spinnweben, die die Decken aller Zimmer überziehen. Seit Jahren dürfte sich darin keine Fliege mehr verfangen haben. Auch die Natur und die Tierwelt scheinen nach einem kurzen kräftigen Eindringen in das verlassene Haus wieder auf dem Rückzug zu sein.

Unter diesem Spinnennetzhimmel bahnen sich schmale Wege, begrenzt durch Berge von Gegenständen. Sie liegen auf dem Boden, stehen auf Tischen, sind auf dem Klavier drapiert und lassen es unmöglich zu, sich auf die Couch zu setzen. Sie führen uns unter jedes Bett, in jeden Kasten. Dort sind die Schichten der Lagerung durch Kartonblätter getrennt, dazwischen Textilien und Dokumente. Was sich in einem riesigen Meer vor uns ausdehnt, ist aber nur zu einem kleinen Teil das, was wir als Alltagsgegenstände bezeichnen würden. Wer braucht schon hunderte Engerl aus allen möglichen Materialien, in allen Größen und Stilrichtungen. Teils noch originalverpackt lagen sie auf dem Boden, standen auf Engerldeckerln in Kredenzen oder waren mit Sicherheitsnadeln und Fäden an Vorhängen und Lüstern angebracht. Sie hatten gewiss nichts mit Weihnachten zu tun. Auch wenn das Fest gerade vorbei gewesen sein dürfte, als wir uns die schmalen Wege durch die Sachen bahnten. Natürlich mit einer Pause von einigen Jahren, in denen das Zimmer in einen Dornröschenschlaf verfallen ist. Man konnte den Eindruck gewinnen, das Fest wurde gerade unterbrochen, weil Fremde ins Haus eingedrungen sind und nach Wertvollem suchen.

Auf dem Klavier standen aufgeschlagen die Noten von „Stille Nacht“. Geschenke der beiden Cousinen, an die jeweils andere, waren ungeöffnet. Wir platzten in Feierlichkeiten, bei denen kein Ton zu hören und kein Mensch zu sehen, für die aber alles vorbereitet gewesen war. Mehr noch, die Feierlichkeiten mussten schon im Gange gewesen sein, aber kein Ende mehr gefunden haben.

Man konnte beim Betreten des Zimmers den Eindruck gewinnen zu stören, einzudringen in die Privatheit fremder Menschen, und das auch noch zu einem besonders intimen Moment. Es schien alles von einer Minute auf die andere verlassen worden zu sein: mehr Flucht als Ausziehen. Der Blick ins Schlafzimmer, in dem sich die beiden Cousinen ein Doppelbett geteilt hatten, suggerierte, es sei noch warm. Die Brillen von Hilde und Gretl lagen für ihre Abendlektüren auf dem Nachtkästchen, die Decke war zurückgeschlagen – aber die Heizdecke war kalt. Sie war eine von einem Dutzend Schichten, die auf dem Federkern gelegen sind. Da stapelten mehrere Matratzen unterschiedlicher Stärke, dazwischen Kartonagen und Decken, offenbar über die Jahre übereinander gelegt. Die „Schusterprinzessinnen", wie sie im Dorf genannt wurden, waren Prinzessinnen auf der Erbse.

Wir haben die Rollbalken hinaufgedreht. Sie sind jahrelang in derselben halbgeöffneten Stellung belassen worden, und haben sich dementsprechend unterschiedlich verfärbt. Der herabgelassene Teil, der die Auslagenfenster abdunkelte, ist von der Sonne stark ausgebleicht. Jetzt sehen wir das Chaos im Haus besser. Wir kreuzen durch die Räume und sehen, welch herrlichen Ausblick man durch das Dickicht der vollgestellten Veranda auf die ehemalige Babenbergerresidenz, die Garser Burg, haben könnte. Bei etwas Licht zeigt sich aber auch, dass diese ungeheuerliche Unübersichtlichkeit der Welt, hier in diesen vier Wänden strukturiert werden sollte. Es ist kein Zufall, wie diese tausenden Dinge liegen, stehen, eingeschlichtet und gestapelt sind. Hier stoßen zwar Adolf Hitler und Kaiser Franz Joseph I. zusammen, Notgeld und Wirtschaftswunder, Weltspartagsgeschenke und Kriegsgefangenengelddosen, hunderte Paar Schuhe und Seniorenwindeln. Aber alles folgte in seiner Platzierung einer Ordnung, die für die Bewohnerinnen eine Logik gehabt haben muss. Eine Logik, von der sie vermutlich meinten, sie würde sich nicht nur ihnen erschließen. Es scheint alles so hergerichtet zu sein, als hätten sie erwartet, dass sich einst andere Menschen, die ihr Leben und Wirken nicht kennen, hier zurechtfinden werden.

Das Werkzeug für ihr ausgeklügeltes Ordnungssystem waren Teile fleischfarbener Damenstrümpfe aus Nylon. Es gibt nichts, was sich damit nicht zusammenbinden ließe, und was dadurch jedem anderen zeigt, was miteinander in Zusammenhang steht. Dokumente etwa, sind nicht in Leitz-Ordnern abgelegt, wie man es von den beiden Damen hätte erwarten können, sondern zusammengebunden mit Strumpfhosenteilen. Einmal sind es ganze Aktenstöße, die sich dadurch auch leicht mit einem Griff aus der Schachtel nehmen lassen, dann nur zwei Blätter, die damit verbunden wurden, was mit einer einfachen Büroklammer ebenso möglich gewesen wäre. Die Strumpfhosenverbindung zeigt aber mehr an als eine Sinnverbindung: Sie zeigt, hier wurde etwas abgeschlossen. Da kommt nicht etwa noch ein Blatt dazu, wie in einen Ordner, bei dem man sich nicht die Mühe macht, etwas derart zu einem Ende zu bringen, dass man ihn nicht mehr zu öffnen braucht. Ein Stumpfhosenpaket ist eine abgeschlossene Sammlung, oder eine Ansammlung, zu der aus der Natur der Sache heraus nichts mehr dazu kommen kann. Es ist gleichsam die Weiterentwicklung der Badischen Aktenheftung mit dem Strumpfe. Die Verwaltung in Baden-Württemberg hat im 18. Jahrhundert ein Verfahren entwickelt, Akten ohne die Verwendung von Ordnern zu binden und zu archivieren. Dazu muss man es allerdings schaffen, die Schnur mit dem Badischen Aktenknoten zu versehen. Nachteil der Methode: Es braucht zwei Löcher in Abstand von 43 Millimetern und einem Durchmesser von zweieinhalb Millimetern. Das würde natürlich verhindern, ein an der Wand hängendes Bild mit einem aus Wachs gegossenen Engel in Verbindung zu bringen. Mit Strumpfhosenteilen geht das – und zeigt: Das gehört zusammen.

Abgeschlossene Ansammlungen lassen sich darüber hinaus in einer übergeordneten Gruppe, in einer höheren Ordnung also, nochmals zusammenfassen. Das konnte nur mit deutlich höherem Strumpfhoseneinsatz geschehen, und hatte eine kreuzweise Bindung zufolge. Eine solche war vielfach auf Schachteln zu finden, in denen weitere Bündel aufbewahrt wurden. Gretl, und ohne Zweifel stammte diese Idee des Ordnens und Aufbewahrens, die Idee dieser Systematik, von ihr, Gretl also, konnte mit dem Verknoten der Strumpfhosen subtile Zeichen setzten, welche Über- und Untergruppe der Sortierung und Bündelung den Suchenden erwartet. Strumpfbandsemiotik gewissermaßen.

Selbst wenn man davon ausgeht, dass die blickdichten, fleischfarbenen Strumpfhosen nicht nur von der Systematisierungsführerin und Ordnungshalterin Gretl stammen, sondern, dass sie durchaus bereit war, Strumpfhosen von Hildes Herkunft zu verwenden, ist nicht ganz auszuschließen, dass die beiden im nahegelegenen Gemischtwarenladen Kiennast, Österreichs ältestem Handelshaus, nur zu dem Zweck Kombi-Packungen dieser Beinbekleidung kauften, um Ordnung in die Unübersichtlichkeit der Welt zu bringen.

Dieserart mit Hinweisen versehen fanden wir das Haus vor. Vielfach waren die Hinweise und Botschaften an jene, die da einst kommen mögen – und mit denen die beiden ganz offenbar gerechnet haben – von einer mehrere Millimeter dicken Staubschicht überlagert.

In dieser muffigen Atmosphäre, in der es zwar feucht-modrig roch, aber doch der Staub bei jedem Schritt und jedem Handgriff aufgewirbelt wurde, dass man einen Hustenanfall bekam (was noch mehr Staub aufwirbelte), in dieser Atmosphäre machten wir uns an die archäologische Arbeit, der Ausgrabungen von Artefakten des Lebens, in der Hoffnung doch auch Gefühle, Glück und Unglück aus dem Weltinnenraum der beiden Cousinen mitgeliefert zu bekommen.

Wir begannen also, uns deren Leben anzueignen – ausgestattet mit der Macht, die Deutungshoheit über ihren Nachlass zu haben. Ihre Ordnung zu ergründen war aber auch so, wie ständig jemanden die Strumpfhosen ausziehen zu müssen. Immer wieder ein Strumpfband von einem zusammengefassten Lebensabschnitt zu lösen, das ist wie eine Frau auszuziehen.

Die beiden müssen verrückt gewesen sein. Und doch zeigt das äußere Erscheinungsbild, das aus all den Briefen, Dokumenten und Photos entsteht, wir hätten zwei ganz normale Leben vor uns. Zwei Leben, deren Alltag, und nicht deren Außergewöhnlichkeiten sich vor uns ausbreiten. Um ein Buch zu schreiben, könnte man meinen, braucht es das Außergewöhnliche. So wie Nachrichtenmedien das Außergewöhnliche brauchen, um darüber zu berichten. Aber darin erkennen wir uns selbst nicht so leicht wieder. Das Außergewöhnliche lässt uns Distanz halten zum erzählten Vorgang, weil wir überzeugt sind, bei uns selbst sei das Leben eben ganz anders: *normaler*. Erst der Blick auf das vermeintlich Gewöhnliche und Alltägliche zeigt uns, wie sich Probleme gleichen, und wie andere Menschen – so wie wir selbst – das gleiche Ungemach durch die Wirrnisse der Welt widerfährt. Tschechow hat sinngemäß gemeint, eine Krise könne jeder Idiot meistern. Der Alltag aber ist es, der uns fertig macht. Insofern lohnt es, auf diesen fremden Alltag, der in mancher Hinsicht auch der unsrige sein könnte, zu blicken. Auf zwei Leben zu schauen, die nur insofern außergewöhnlich sind, als wir geneigt sind, von jedem Leben zu sagen, es sei einzigartig. So mancher Lösungsweg von Hilde und Gretl mag aber natürlich durchaus einzigartig gewesen sein. Und durchaus auch verrückt.

Verrückt waren aber nicht nur die beiden. Auch die Alltagsdinge, die sich uns darboten, waren ab dem Moment verrückt, als wir mit ihrer Aneignung begannen. Denn wir haben die Dinge sofort wie die in einem Museum gesehen und behandelt. Wir haben sie zu Reliquien gemacht, mit Wert und Bedeutung aufgeladen, die ihnen zuvor möglicherweise niemals zugedacht waren.

Wir haben sie im Moment des Herausnehmens aus ihrem bisherigen Sinnzusammenhang ausgestellt. *Ausstellung ist Ausbeutung*, schreibt der Philosoph Byung-Chul Han in seinem Buch „Transparenzgesellschaft". *Der Ausstellungsimperativ vernichtet das Wohnen selbst. Wird die Welt selbst zu einem Ausstellungsraum, so ist das Wohnen nicht möglich. Das Wohnen weicht dem Werben, das dazu dient, das Aufmerksamkeitspotential zu erhöhen.* Durch unser Ansinnen, das Aufmerksamkeitspotential der Dinge zu erhöhen und sie auszustellen, wurden sie insofern verrückt, als sich ihre Funktion damit geändert hat. Sie waren in dem Moment, als wir sie gleichsam wie Teile einer riesengroßen Ready-Made-Ausstellung sahen, ihrer ursprünglichen Funktion beraubt. Sie hatten nicht mehr ihre bis dahin gültige alltägliche Bestimmung. Die Dinge in der Zeitkapsel sind nicht eingefroren und warten, bis sie von späteren Inbesitznehmern aufgetaut werden. Eigentlich ist es umgekehrt. Jetzt erst bleibt die Zeit stehen, werden die Sachen eingefroren, wird ihnen keine Funktion, kein Gebrauch und keine Weiterentwicklung bis hin zum Vergehen mehr zugemutet. Erst jetzt also frieren wir die Geschichte ein, um sie der Nachwelt erhalten zu können. Wir reißen sie dabei aber natürlich aus ihrem bisherigen Zusammenhang, verstümmeln sie, gewichten anders und kontextualisieren neu. Bisher waren die Geschichten noch warm, gleichsam so, wie der Eindruck von der aufgeschlagenen Bettdecke, dem scheinbar gerade in der Garderobe abgelegten Mantel und der Brille, die nach der Lektüre eines Buches aufs Nachtkasterl gelegt wurde. Die Geschichte des Hauses und des Lebens darin waren noch nicht erzählt, nicht dramaturgisch aufbereitet, ohne Spannungsbogen, und damit war noch keine Distanz von der Wirklichkeit über den Erzähler bis hin zur interessierten Zuhörerin oder einem Leser aufgebaut. Das ist jetzt anders.

Eine Packung Wettex, Küchenfeuchttücher, die heute nicht sehr viel anders aussehen, mutieren zum Ausstellungstück. Damit lässt sich natürlich keine Welt aufheben, damit lässt sich keine Nostalgie betreiben, damit wird nichts erhalten. Der Blick der Fremden im Moment der Aneignung der Dinge schafft eine Transformation ihrer Bedeutung. Wir werden mit dem Wettex nichts mehr wegwischen. Und wir werden die Packung Smart Export aus den 60er-Jahren nicht mehr rauchen. – Oder vielleicht doch.

STIADLN

WIE WIR VORGEGANGEN SIND

Die Aneignung all dieser Dinge erfolgte durch „stiadln". Dieser Prozess lässt sich einzig durch dieses österreichisch-dialektogene Wort ausdrücken. Stiadln ist nicht suchen, nicht sammeln, nicht finden-wollen, stiadln ist nicht einmal sich-überraschen-lassen-wollen. Stiadln – und das erschien uns als die einzige mögliche Vorgehensweise in diesem scheinbaren Chaos – ist das Durchforsten mit dem Ziel, Gefälliges in Besitz zu nehmen oder an anderer Stelle abzulegen, manches vorerst nicht anzugreifen, um es später zu entsorgen, alles mit der losen Option, einen Anflug von Systematik in die Sache zu bringen – oder auch nicht. Darauf zielt es ab, und ist gleichzeitig doch völlig ohne Ziel und zunächst absichtslos. Stiadln ist ein Schweben durch die eigenen Absichten, wie man mit den Dingen verfahren will. Es ist ein Vielleicht. Wir greifen etwas an, blasen den Staub herunter, legen es wieder hin – oder stellen es zu einer ähnlichen Sache. Etwa Gipshäschen zu Porzellanhäschen, Häkeldeckerl zu Samtdeckerl und geschnitzte Holzmadonnen zu weihwassergefüllten transparenten Madonnenplastikflaschen.

Kramurologen (solche, die sich mit Graffel und Krempel befassen) klassifizieren Klumpert in mehreren Unterarten. (a) Jenes, das hierzulande mit dem Ausruf *„Wo ist denn dieses Klumpert schon wieder?"* gesucht wird. Es ist das unauffindbare Klumpert. Dazu gehört natürlich der Tresor. Die Verkäufer des Hauses, die Weinbauernfamilie Ott, waren sicher, dass ein solcher einst im Hause war. Klumpert haben sie ihn zuerst natürlich nicht genannt. Was aber nicht falsch gewesen wäre, wie sich später herausgestellt hat. (b) Wer murmelt: *„Wos soi denn des sein?"* hat nicht-identifizierbares Klumpert vor sich. Es können Sachen sein, deren Funktion und Herkunft sich überhaupt nicht erschließen. Solche Sachen wandern schnell in den Müllsack. Und dann entdeckt man viel später und meist zu spät, dass es die Handkurbel des gusseisernen Fleischwolfs gewesen sein muss, der nun erst recht zum Klumpert wird. In diese Kategorie fallen aber auch erkennbare Dinge, die so gar nicht an diesen Ort zu gehören scheinen. Wir haben einen großen Plüsch-Leoparden gefunden, der sich mangels Kindern im Hause in keinen Zusammenhang bringen ließ. Zuletzt wurde er auf der Schuttmulde gesehen, kurz bevor sie mit viel Klumpert abtransportiert wurde. Auf Photographien zeigte sich dann allerdings, Hilde und Gretl hatten ihn in der Zeit, als sie noch mit dem Auto unterwegs waren, als Begleiter im Fond ihres roten Cabrios sitzen gehabt. Ein Fall von Zu-spät-Identifiziert. (c) Nicht funktionierendes oder kaputtes Klumpert gilt gemeinhin als besonders fies. *„Kann mir einer sagen, wieso dieses verdammte Klumpert nicht funktioniert?"* ist der dazugehörige Ausruf. Haben wir nicht gerufen – und daher auch diesbezüglich keinen Anruf am antiken hölzernen Wandtelephon mit seinem fixen Einsprechrohr erwartet. Es hat bis ins beginnende Smartphone-Zeitalter an der Wand im Vorraum gehangen. Solcherart Klumpert wird zur Dekoration, wie der Kofferplattenspieler oder Gretls kleine Ziehharmonika, mit der sie auf zahlreichen Abbildungen zu sehen ist. (d) Dann gibt es noch die Art von Klumpert, das im Weg steht. *„Was steht denn da schon wieder herum?"* ärgert man sich, und gibt sich *„lauter Klumpert"* zur Antwort, obwohl sich die ungeliebte Eigenschaft ausschließlich auf den Ort der Lagerung der Dinge bezieht. Im Hause Reinharterstraße 100 gehört eigentlich alles in diese vierte und letzte Kategorie – womit wir diesen Stiadln-im-Klumpert-Absatz mit einer fein zugeschnittenen Stumpfhose abbinden könnten.

Wir haben diese vielen Dinge, die da *im Weg gestanden* sind, durchforstet; gleichsam beim Holzfällen Schneisen und Lichtungen in die Zimmerlandschaften geschlagen. Wir haben die Dinge aus dem Weg geräumt, aber nicht weggeräumt. Sie sind – ganz sortenrein! – in Kisten gewandert. Unschwer zu erraten, haben sich gleich mehrere Engerlkisten gefüllt. Denn der durchschnittliche Engerlbesatz im ehemaligen Schuhhaus Höfler lag bei cirka 4,5 Stück pro Quadratmeter. Manche waren gleich zu sehen, wächsern und prominent zur Schau gestellt, mit Kerzerln in den Händen oder am Kopf balancierend, manche noch in Zellophan verpackt, mit Aufklebern versehen, die über den Wallfahrtsort Auskunft geben, an dem sie gekauft worden sind. Es gibt kleine Anhänger für das Halsketterl, große Exemplare, die einen Blumenstock zwischen den Flügeln halten können, aus Wolle gehäkelte, die von den Lüstern hangen und solche, die mit Sicherheitsnadeln an den Vorhängen angebracht waren. Es füllte sich Engerlkiste um Engerlkiste. Ganz sortenrein.

Es war aber nicht so einfach, wie sich das hier liest: Das Kerzenständerengerl könnte der ungeübte Sortierer in die Kerzenständerkiste geben, und das Blumentopfengerl in die Blumentopfkiste. Aber die Funktion schlägt die Ästhetik nicht. Es geht ums Engerl, das ist stärker als Blumentopf und Kerzenständer. Es füllten sich Madonnenkisten mit Exemplaren aus den maßgeblichen Wallfahrtsorten Europas, es füllten sich Häschen- und Schweinderlkisten mit Spar- und Glücksschweinen aller Art. Es füllten sich Deckerlkisten und Photokisten, Kisten mit Dokumenten aus einem Jahrhundert und Kisten mit Briefen, es füllten sich Kisten mit Kalendern in mehrfachen Ausführungen aller Kalenderjahre der Nachkriegszeit, lückenlos aufgehoben (oder besser: nicht weggeworfen), es füllten sich Kisten mit Notenblättern und Steuerunterlagen, eine Kiste mit Bügeleisen – mit solchen, die am Herd zu erhitzen waren, solchen, die bereits mit Kohle zu befüllen waren, und solchen, die elektrisch funktionieren. Ein Museum der Bügeleisengeschichte ließe sich bestücken. Es füllten sich Kisten mit Schuhleistenskizzen und Kundenkarteien, und es füllte sich Kiste um Kiste mit Schuhen und nochmals Schuhen. Nicht weil sich im Hinterhaus einst eine Schusterwerkstätte befunden hatte, sondern weil die beiden Cousinen Schuhe in einem Ausmaß besaßen, wie es heute jedes platte Frauenklischee bei Weitem übertrifft.

Nur bei der raschen Sichtung des umfangreichen Schuhbestandes, der einen ganzen Raum eingenommen hat, hatten es uns die Damen leicht gemacht. Penibel waren alle Schachteln an der Stirnseite beschriftet.
„Pantoffel Keil, mit Goldfäden – 2 Paar"
„Grau, hohe Abs."
„Hilde: weiß" [– sie kannte gewiss die Art des Schnitts]
„Neue weiß, hoher Absatz"
„Beige Sandalette"
„Silber Pumps"
„Weiß + Schlange, Sandalette, große Krempe"
„Hellstbeige Velour" [– da ist nach dem Doppel-L ein „st" eingefügt worden, um den Superlativ zum Ausdruck zu bringen. Der Schuh könnte an einem trüben Tag also *zu* hell sein]

Hilde und Gretl hatten ohne Zweifel für jeden Tag im Jahr den passenden Schuh, und darüber hinaus ein paar Exemplare Herrenschuhe, die uns bei den Schuhsortierungsarbeiten gut standen. Wir sind nicht nur zwischen dem Hausrat und den Ansammlungen der Dinge zwischen den Bergen von Gegenständen, unter den Spinnweben und über den Staub in das Haus gekrochen, wir sind nicht nur in seine Geschichte und in das Leben der beiden Cousinen hineingekrochen, wir sind folgerichtig auch in das Gewand gekrochen, das sich uns in großen Mengen, frisch gewaschen, fein gebügelt und sauber zusammengelegt – und doch unendlich muffig und feucht – dargeboten hat. Es brauchte für dieses Unterfangen einen Sichtungshut und einen Räumrock. Der Sichtungshut war der ideale, weil er im Thomas Bernhardschen Sinne ein Denkhut war, der gleichzeitig vor dem Spinnwebenhimmel schützte und durch seine Strohkrempe gute Sicht bot. In kürzester Zeit umgarnten uns die Fäden des Spinnenhimmels wie die Geschichte des Hauses. Und der Räumrock ließ uns der Sache näher kommen, weil er das Eindringen kaschierte. Der Räumrock umhüllte uns wie Kutten die Mönche, die in diesem reduzierten, nicht ablenkendem Gewand, hochkonzentriert ihren Verrichtungen nachgehen können. Nichts Fremdes, Aktuelles, gar Modisches, war an uns zu sehen. Die Hausmäntel der beiden Damen glichen japanischen Kimonos, und waren doch das Modeideal der Waldviertler Nachkriegszeit. Wir sind in das Haus hineingeschlüpft wie in diese Mäntel, die zu Dutzenden in den Kästen und an der Garderobe hingen, als wären sie gerade abgelegt und noch warm.

Die Präsenz der beiden ehemaligen Bewohnerinnen wurde durch die abrupt beendete Haushaltsführung noch deutlicher. Lebensmittel waren noch in der Speisekammer gehortet, wenn auch großteils von Ratten oder Mäusen verspeist. Am Herd stand ein Topf, Gewürze im Regal darüber. Aus gesundheitlichen Gründen haben wir es bei einigen Flaschen Schnaps belassen, als einzigem Lebensmittel, dessen wir uns unverzüglich bedient haben. Und einigen Flaschen alten Ott-Weins, der sich auch nach Jahren noch als überraschend genießbar herausgestellt hat.

Beim Hineinkriechen in die Exotik dieser Welt, die Schatulle der Geschichte, in der Freude und Leid, Schmerzen und Hoffnungen, Ernst und Klamauk zu erwarten waren, gibt es vielfach den Moment des ersten Mals. Es ist ein Augenblick, vom dem gewiss ist, das man ihn nicht wiederholen kann. Wie wenn ein Kind eine Seifenblase mit dem Finger zum Zerplatzen bringt, und sich darüber klar ist, dass sie nicht mehr wiederhergestellt werden kann, so ist der Moment des allerersten Betretens eines Raumes, in dem das Ende (*ein* Ende, das der Ära Schuhhaus Höfler) bis dahin konserviert war. Es ist der einmalige Moment des Aufstechens der Zeitkapsel. Erst wenn sie zerplatzt, ist die Kontinuität des Lebens in diesem Raum zu Ende. Erst dann beginnt etwas komplett Neues, erst dann wird das Haus tatsächlich mit anderen Augen gesehen, die Dinge aus ihrem bisherigen Zusammenhang reißend, ihrer bisherigen Funktion beraubend – eine neue Zeitrechnung gestartet. Es ist ein durchaus aufregender Moment, sich einen neuen Raum zu erschließen, und sei es nur der Raum im inneren einer Nachtkastllade. Mit jeder Lade kann sich eine neue Epoche eröffnen, oder ein wesentlicher und bestimmender Teil des Frauenlebens ausbreiten.

Zahlreiche Pokale deuten uns die Tennisversessenheit Gretls an, darin aber wohnten wiederum vielfach – wie zu erwarten: Engerl. Während dieses Prozesses des Inbesitznehmens bedient man sich der Dinge und verfährt mit ihnen in der allergrößten Selbstverständlichkeit des neuen Eigentümers. Respektlos, also ohne zurückzuschauen, woher das alles stammt. So, als gäbe es diese große Zäsur im Lebenslauf des Hauses gar nicht. Und doch ist es das erste Mal, dass dieser Lebenslauf eine komplett neue Wendung bekommt. In vielfacher Weise ist das Gebäude im Laufe der Jahre umgebaut worden, ist drinnen gestorben und umgeräumt worden, ist ein Bad eingebaut und ein denkmalgeschützter Schuppen im Hinterhof abgerissen worden, ist selten etwas entsorgt, aber vieles geordnet worden. Und wenn auch jetzt scheinbar wieder nur ein ebenso großer Schritt wie ihn das Haus zuvor erlebt hat, weitergegangen wird, sogar ein besonders behutsamer, bei dem versucht wird, sowohl das Gebäude als auch die darin stattgefundene Geschichte zu erhalten, ist es doch ein neuer Blick auf die Welt des Schuhhauses Höfler und bringt sein Innenleben in einen neuen Zusammenhang mit der Welt. Das neue Begreifen der Dinge darin unterbricht erstmals die Kontinuität seiner Entwicklung.

Die Entwicklung war in den letzten Jahrzehnten, als es bewohnt war, auch dadurch gekennzeichnet, dass Männer im Hause nicht verkehrten. Wir waren offenbar seit Langem die ersten, die das Haus betreten haben. Mit Ausnahme der Sanitäter vielleicht, die die beiden beim letztmaligen Verlassen des Hauses begleitet haben. Auch wenn die beiden Damen nun schon jahrelang tot waren, als die Garser sahen, wie männliche Wesen ganz selbstverständlich durch das Tor an der straßenseitigen Auslagenfassade im Haus verschwanden, verwunderte und verstörte das manche. Oftmals gab es daher bei den Räumarbeiten Besuch. Und da zeigte sich: Garser Männer kannten das Haus von innen bisher gar nicht. Sie tasteten sich langsam vor, uns wie unbekannte Tiere betrachtend, von denen man noch nicht genau weiß, wie weit man sich ihnen nähern darf, ob man sie bei Betreten des Käfigs, der bisher ein ausschließender und kein einschließender war, vielleicht reizt - oder, ob man Menschen mit Sichtungshut und Räumrock füttern kann (mit Informationen zum Haus), sie allenfalls sogar aus der Hand fressen. Die Annäherung der Garser, die ihren Mut zusammennahmen und die durch Räuspern rechtzeitig auf sich aufmerksam machen wollten, als sie zumeist erstmals in ihrem Leben in das Haus gingen, das sie so oft passiert haben, erfolgte zumeist mit der Frage: „Was machen Sie aus dem Haus?“ Die Frage gründet sich auf die Ahnung der Österreicher, dass ein Haus, dessen Renovierung nur annähernd so viel kosten würde wie das Haus selbst, oder wie der billigst mögliche Neubau, ganz selbstverständlich abgerissen wird. Sie waren daher erstaunt, als zur Antwort kam: „Ein Buch!“

Das öffnete Schleusen. Die Menschen erkannten, dass sie auch mit diesem Haus, das sie jahrzehntelang immer nur passierten, eine Geschichte verbinden. Es ist ihnen Erinnerung an eigene Erlebnisse, an das eigene Leben. Ohne die Vorgänge im Haushalt der Cousinen Hilde und Gretl genau gekannt zu haben, wurde es Teil der eigenen Identität. Weil es so zentral steht, und für alle auf ihren Wegen immer wieder zu sehen ist, und weil es schon länger steht als jeder Einwohner auf der Welt ist. Es war also für alle schon immer da. Die Antwort *ein Buch!* war daher Erleichterung, wenn auch vorderhand noch nicht gleich nachvollziehbar. Es war zumindest klar, dass es bleiben wird, im Wesentlichen sogar so, wie es auch bisher war. Viele brachten uns daraufhin ihre eigenen Erinnerungen an diesen Ort. Pläne, Postkarten, Photographien – und viele weitere Geschichten. Als Gegenleistung forderten sie nur Einblick in die so lange für die Umgebung verschlossenen Mauern, über deren Innenleben man sich im Ort so viel erzählt hatte, hinter die aber kaum jemand einen Blick hatte werfen können. Es war die Befriedigung eines Voyeurismus', der uns allen innewohnt. Wir sind neugierig auf das private Leben der anderen, wollen Prominente durch das Schlüsselloch beobachten – und bekommen doch nur eine inszenierte Wirklichkeit präsentiert. Aber hier haben wir die Möglichkeit, an den unspektakulären, oft traurigeren Realitäten unbekannter Menschen teilzuhaben. Fasziniert sind wir von den Banalitäten, die uns die sozialen Medien bieten, kaum. Die Laden dieses Hauses zu öffnen, einen kleinen Artefakt zu finden, an den sich in Gedanken, die so falsch nicht sein dürften, eine ganze Episode knüpft, das ist wie der „Big Brother"-Container ohne Figuren. Es sind Personen nur in der Vorstellung, die aber realer sind als die Semi-Schauspieler aktueller Reality-Shows.

Und noch einen Vorteil hält das Haus mit seinen ehemaligen Bewohnerinnen für uns fremde Personen bereit, wenn wir in die Laden fremder Leben blicken, so wie wir in der virtuellen Welt das Profilbild eines fremden Menschen anklicken: Wir brauchen keine Angst zu haben, etwas zu entdecken, das uns erschrecken könnte. Es sind nicht unsere Vorfahren, über die wir allenfalls Abgründe erfahren, die uns das von ihnen über Jahrzehnte gezeichnete Bild, die liebe Erinnerung, zerstören könnten.

In Räumrock oder mit Sichtungshut ist dem Nachhall des Lebens von Hilde und Gretl besonders gut zu lauschen. Das gelingt mit herkömmlicher „Funktionskleidung“ niemals so gut.

Was anderswo als Kuriosum an der Wand angebracht wird, blieb hier bis ins Smartphone-Zeitalter ganz selbstverständlich erhalten.

Über der Badewanne richteten die Damen ein Weihnachtsmannensemble samt Krone mit Grabkerze ein.

Die Brillen von Hilde und Gretl lagen für ihre Abendlektüren auf dem Nachtkästchen, die Decke war schon zurückgeschlagen – aber die Heizdecke natürlich kalt.

In ihren Betten stapelten sich Matratzen unterschiedlicher Stärke, dazwischen Kartonagen und Decken. Die Schusterprinzessinnen, wie sie im Dorf genannt wurden, waren Prinzessinnen auf der Erbse.

Zahlenmäßig von den Engerln knapp geschlagen: die Madonnenstatuen. Praktisch, dass diese – wenn man möchte – nicht alles mitansehen muss.

Der Sichtungshut war der ideale, weil er auch ein Denkhut war, der gleichzeitig vor dem Spinnwebenhimmel schützte und durch seine Strohkrempe gute Sicht bot.

Die beiden Cousinen besaßen Schuhe in einer Zahl, die jedes platte Frauenklischee bei Weitem übertrifft.

Mit jeder Lade eröffnet sich eine neue Epoche oder ein wesentlicher und bestimmender Teil des Frauenlebens kann sich vor einem ausbreiten.

Es ist kein Zufall, wie diese Dinge liegen, stehen, eingeschlichtet und gestapelt sind. Alles folgt einer Logik, von der die beiden vermutlich meinten, sie würde sich nicht nur ihnen erschließen.

Das Werkzeug für ihr ausgeklügeltes Ordnungssystem waren Teile fleischfarbener Damenstrümpfe aus Nylon. Es gibt nichts, was sich damit nicht in Zusammenhang bringen ließe.

Nicht auszuschließen, dass die beiden im nahegelegenen Gemischtwarenladen Kiennast nur deshalb Kombi-Packungen Strumpfhosen kauften, um Ordnung in die Unübersichtlichkeit der Welt zu bringen.

Am Montag, dem 18. Jänner 2006, jährte sich die Überhitzung des Staubsaugers das erste Mal. Auch in den verbleibenden weiteren Jahren erinnerten sich die Damen noch daran.

Margarete Höfler sah keinen Grund, Drucksorten mit „Niederdonau" im Briefkopf über 60 Jahre später noch zu verwenden. Obwohl sie allen Grund gehabt hätte, diese Zeit zu verwünschen.

In vielen Fällen erleichterte die penible Beschriftung natürlich die Erstellung eines neuen Ordnungssystems, und zwar unseres Ordnungssystems.

Sortenreine Sammelkisten lassen sich dennoch nur scheinbar leicht erstellen. Schweinderl in die Schweinderlkiste, mag man meinen. Aber oft ist es verzwackter.

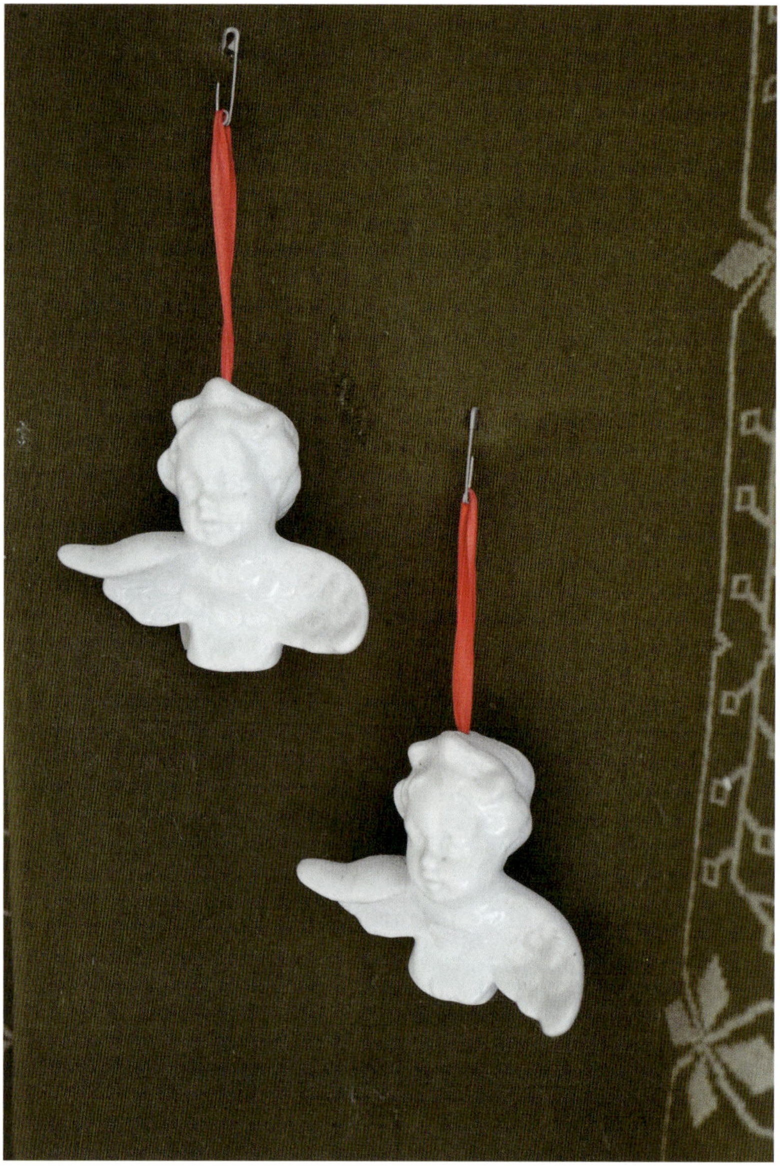

Ein Kerzenständerengerl könnte der ungeübte Sortierer in die Kerzenständerkiste geben, und das Blumentopfengerl in die Blumentopfkiste. Aber die Funktion schlägt die Ästhetik nicht. Es geht ums Engerl, das ist stärker als Blumentopf und Kerzenständer.

Wer bei der verwandtschaftlichen Wohngemeinschaft Assoziationen zum 80er-Jahre-Film „Zärtliche Cousinen" im Kopf hatte, kann diese Phantasie verwerfen. Einige Flirts von Gretl sind dokumentiert.

Gretl war bis zuletzt Förderin des Garser Tennisklubs, den sie zwischendurch mit der großzügigen Spende von 10.000,- Schilling bedacht hat.

Oft braucht es einen Schritt zurück, um aus einiger Entfernung einen Blick auf das Alleralltäglichste, das was uns ständig umgibt, zu werfen. Die meiste Zeit ist es zu nah, um es sehen und erkennen zu können.

Es geht uns doch meistens so, dass wir die eigene Einrichtung nicht mehr bewusst wahrnehmen. Wir werden blind dafür, bis uns ein Freund darauf aufmerksam macht: „Das passt aber gar nicht, das musst du umstellen, das musst du ändern, das musst du entfernen!"

Wieder ein schwieriger Fall: Kommt dieser Gegenstand beim Ordnen und Sortieren in die Enten- oder in die Eierkiste?

Wir haben die Dinge sofort wie die in einem Museum gesehen und behandelt. Wir haben sie zu Reliquien gemacht, mit Wert und Bedeutung aufgeladen, der ihnen zuvor möglicherweise niemals zugedacht war.

SACHEN

WAS WIR VORGEFUNDEN HABEN

Ein letzter Müllabfuhr-Kalender reicht terminlich über die Zeit hinaus, in der hier Müll angefallen ist. Er liegt in einer Lade obenauf. Ältere dieser Informationsblätter finden wir an anderen Stellen im Haus, lückenlos aufgehoben, seit die Gemeinde in dieser Form ihre Müllentsorgung organisiert. Auf den Blättern sind auch immer Möglichkeiten angeführt, den Sperrmüll zu entsorgen oder abholen zu lassen. Aber das große Ausräumen haben diese Räume nie erlebt. Es hat keine Zäsur gegeben, bei der ein Teil der Dinge hätte weggeschmissen werden können. Es hat kein Ende einer Ära gegeben (so wie es jetzt der Fall ist), zu dem tabula rasa gemacht wird, nach dem etwas Neues begonnen hätte. Hundertfünfzig Jahre sind die Ansammlungen des Lebens zusammengebunden, gestapelt und abgelegt worden.

Selbst bei Paaren, die lange in Gemeinschaft ein Haus bewohnt haben, nimmt oft der Überlebende den Tod des Partners zum Anlass durchzulüften, die Dinge durchzusehen, Liebgewonnenes von Unnötigem zu trennen, Memorabilia aufzuheben, Verbrauchtes zu entsorgen. Immer gibt es in den Häusern, oft im Abstand von wenigen Jahrzehnten, die Phase des Neuanfangs. Da wird nicht nur frisch ausgemalt, da werden auch ein paar Schichten des Lebens abgekratzt, die sich zuletzt angelegt haben. Im Hause Reinharterstraße 100 hat es diese Phase niemals gegeben. Deshalb sind da in dem unbewohnten Haus so viele Leben.

Die letzten Dinge, die ins Haus gekommen sind, haben das Ende und den Tod benannt: ein Leibstuhl, Windeln. Es ist das, was einzig übrig geblieben ist, was sich hier nicht anzusammeln hatte, nicht ansammeln durfte, was verbraucht und auch wieder wegkommen sollte. Es sind die Dinge, die Auskunft geben über die zunehmende Gebrechlichkeit der beiden Bewohnerinnen. Dazu, so dachten wir, gehört auch das Blutdruckmessgerät, das offensichtlich in regelmäßigem Einsatz war. Damit sind wir aber schon nicht mehr beim Ende, sondern mitten in deren Leben, das zu einem wesentlichen Teil vom Erfassen ihrer eigenen Daten geprägt war, wie es heute nur die Smartphone-Benutzer von ihren Health-Apps kennen, die ihren Körper und sein Funktionieren ständig vermessen und vermerken. Hilde und Gretl hatten einen kleinen

Notizblock, in dem sie jahrelang ihre Blutdruckwerte erfassten. Auf dem orangenen Deckblatt standen in Versalien groß „Unsere Werte" geschrieben, was uns kurzfristig dazu veranlasst hat, eine Entdeckung gemacht zu haben, die uns Aufschluss darüber geben könnte, was die beiden denken, welches Weltbild sie haben. In den Zeilen und Spalten fanden sich allerdings ausschließlich Zahlenwerte. Über Jahre hinweg lassen sich systolischer und diastolischer Blutdruck der beiden nachlesen. Darüber hinaus trugen sie ihre Pulsfrequenz in einer weiteren Spalte ein. Das alles, für zwei Personen, zwei Mal täglich, versehen mit der auf die Minute genauen Uhrzeit, was uns auch darüber Aufschluss gibt, dass die beiden vielfach nicht vor elf Uhr nachts schlafen gegangen sind. Sie waren auf das Funktionieren ihres Körpers bedacht, legten umfangreiche Messtabellen und Akten an. „Hundebiss" ist ein solcher Akt, der Zentimeter dick ist, und den genauen Therapieverlauf nach diesem Biss dokumentiert. „Haarausfall" ist ein weiterer solcher Eintrag, der vor allem deshalb besonders umfangreich ausgefallen ist, weil er nicht nur die persönlichen Charakteristika dieses Leidens beinhaltet, sondern auch eine ganze Menge Zeitungsausschnitte, die sich mit allen Aspekten dieses Themas befassen. Um immer einen Vergleich mit der Haarpracht aus jungen Jahren zu haben, ist nicht nur eine Photographie Gretls mit vollem lockigem Haar im Eingangsbereich nahe des Spiegels gehängt, was man als Außenstehender auch als schlichte Erinnerung an vergangene Zeiten hätte durchgehen lassen können. Sie hat auch als Haar-Referenz eine Locke, sorgfältig im transparenten Plastiksackerl verpackt – mit Strumpfband zugebunden – aufgehoben.

Sie hatten einen solch zwanghaften Blick auf die Bewegungen ihres Körpers und darauf, was in diesem Körper geschah, wie wir es ähnlich nur von Adalbert Stifter kennen. Er notierte nicht nur akribisch, und auch auf die Minute genau, wann er etwa an einem seiner Bilder malte. Auf der Rückseite vermerkt, sollen diese Daten in Verbindung mit dem Produkt stehen, auf dass man es zur Gänze erfassen könne. Er führte auch Aufzeichnungen über seine Verdauung und schrieb detailliert alle Speisen zusammen, die er an einem Tage zu sich genommen hat. Sein wenig literarisches Werk „Mein Befinden", das trotzdem zu Unrecht unbekannt ist, ist natürlich mehr ein dokumentarisches Krankentagebuch, das er auf Anraten seines Arztes führte, und von dem er sich – wie Hilde und Gretl – Einblick in die Vorgänge in seinem Körper erhoffte. Dort liest sich das etwa so: „23. April 1864: Suppe Rindfleisch gebr. Huhn gemischt. Sallat ziemlich gut geschmekt; etwas ängstlich Nachts. Nachts viel Husten (8 1/2– 9 1/2) mit dünn. Schleim. Etwas Hitze in der Nacht. Morgens etwas eingenomm. Kopf (...) 17. Mai: Ganzen Tag wie gesund. Abends Zorn mit Kathi. Große Erregung im Puls. Um 8 Uhr laues Bad. Musste zur Beruhigung den Dr. holen lassen, Kirschlorbeerwasser nehmen. Nacht etwas unruhig. (...) 31. Mai: Viel Rindfleisch (hartes) gegessen. Gleich nach dem Essen Unruhe fast Ängstlichkeit. Wenig Jause genommen, abends die Suppe nicht geschmeckt. Nacht sehr gut." Weitere Details seines Stoffwechsels, die bis zur Konsistenz seiner Ausscheidungen gehen, wollen wir hier überspringen, weil sie von Hilde und Gretl ausschließlich mengenmäßig dokumentiert sind. Sie entsorgten, wie sich einem Merkblatt entnehmen lässt, entsprechend der „Fäkalien-Annahme-Ordnung" der Gemeinde Gars. Im Jahr 1995 etwa waren es laut vorliegender Abrechnung genau zwei Kubikmeter, die zur Gemeindekläranlage gebracht wurden, und für die 198 Schilling (der Betrag ist zur Sicherheit zusätzlich in Worten angeführt) am 15. Dezember, wie Gretl handschriftlich vermerkt, bezahlt worden sind.

Es liegen aber auch weniger anrüchige Listen vor, die an die Briefe Stifters an seine Ehefrau Amalie erinnern. Ihr schreibt er im November 1861 beispielsweise: „(...) schrieb bis 9 Uhr am Witiko. Um 9 Uhr aß ich ein Schnitzl mit Erdäpfelsallat, trank 2 Seidl Wein, und legte mich dann mit einer Cigarre nieder. (...) Morgens schlechtes Obers zum Kaffeh, dann Schulinspection. Nach derselben (...) Gabelfrühstück. Um 12 Uhr Schulinspection. Um 2 1/2 einsamer himmlischer Spaziergang bei warmen wolkenlosen Himmel. (...) Um 3 1/2 dieser Brief an dich. Dann folgt wieder Arbeit am Witiko bis 9 Uhr, dann harrt meiner eine ganze Ente. Mich hungert aber jetzt schon so, dass ich glaube, ich esse zwei."

Auch Hilde und Gretl waren solcherart penible Chronisten ihres Lebens. Über Jahrzehnte (und hier geschieht so gut wie alles immer über Jahrzehnte hinweg) führten sie Buch darüber, was als Geschenk ins Haus kam, aber auch, was sie wem schenkten. Jedes Kerzerl, das sie aus der Hand gaben, war in Größe und Farbe, Gestalt und manchmal Preis vermerkt, wenn auch wohl weniger, um nicht irrtümlich der Person gleiches noch einmal zukommen zu lassen, sondern vielmehr der Chronistenpflicht wegen, der sie gewissenhaft nachkamen. Bei Schnittblumen und Blumenstöckerl wurde eine Qualifizierung vorgenommen, die eine Reihung nach Schönheit zuließ, und auch, wer sich zu einem Anlass etwa nur telephonisch meldete, wurde verzeichnet. So stellt sich das beispielsweise anlässlich des *74.* Geburtstags von Gretl dar: Sie erhielt von Hilde ein Goldarmband und ein Liegebett, von Christl gelbe Rosen, von Lussa einen Blumenstrauß, von Anneliese einen schönen (*schönen* unterstrichen) Blumenstrauß, von Harald ein kleines rotes Blumenstöckl, von Helga ein orangenes Rosenstöckl, von Hafners ein Flasche Sekt, von Fichtinger einen Anruf, von Reisinger den schönsten (nach *schönsten* folgt ein Ausrufezeichen) Rosenstrauß und von Traudl eine kleine Flasche Schnaps.

Die genaue Verwaltung aller Dispositionen, die das Leben bringt, und seien sie vermeintlich noch so banal und nur für den Moment gemacht, scheint Ordnung in das Chaos der Welt zu bringen. Penibel ist jede Ausgabe von Geld, jede Einnahme von Tabletten, mit allen Belegen und stichwortartig angeführten Gründen auf einem kleinen Zettel angeführt. An Kalendern, Rechnungen, Briefen, sind sie – mit Büroklammern fixiert– in einen Sinnzusammenhang gebracht. Dieses Leben ließe sich, wie erst heute das der Menschen, die all diese Dispositionen digital treffen (und die scheinbar auch nie verloren gehen), bis in die letzte Handlung nachvollziehen. Und doch erschließt sich uns keines der Gefühle, das die beiden Frauen bewegt haben mag.

Es ist mit Blick auf die Kalender und Dokumente ein dichtes Leben; eines, das voll von Unternehmungen und Unternehmen ist, und das uns doch ereignislos erscheint, auch wenn es täglich in seiner Fülle bis zu den kleinsten Vorkommnissen dokumentiert ist.

Im Haus fand sich eine Sammlung von Kalendern nahezu aller Jahrgänge des 20. Jahrhunderts. Nach dem Krieg, und ab dem Zeitpunkt, als die lokalen Bankfilialen die Aufgabe übernahmen, die Menschen mit Kalendern zu versorgen, hatten sie von jeder im Waldviertel vertretenen Bank, und ab den Fünfzigerjahren auch lückenlos für jedes Jahr, Kalenderexemplare zuhause. Nicht gebraucht wurden offenbar die großformatigen Bildkalender, die bei unserem Vorfinden original in Kartons verpackt waren, Farbbilder Österreichischer Landschaften zeigen, und ebenso über mehrere Jahrzehnte (vielleicht ist es eine vollständig vorhandene Serie?) gesammelt worden waren. Zuletzt führten sie jene Tischkalender der Sparkasse Horn-Ravelsbach-Kirchberg. Auf dem ersten Blatt, auf dem nur die Jahreszahl aufgedruckt war, vermerkten sie das Motto, mit dem sie ins neue Jahr gehen wollten. Es war jährlich dasselbe: Mit Gott! – stand da geschrieben, Jahr für Jahr in immer zittriger werdender Schrift.

Die Kalender waren nicht nur Erinnerungen an vereinbarte Termine, die in der Zukunft lagen. Etwa Arzttermine, die die beiden vielfach gemeinsam wahrgenommen haben. „Augenarzt 1/2 1 Uhr Hilde + Gretl", oder „Dauerwellen", was wohl einen Friseurtermin meint. Die Kalender waren auch Logbuch ihrer täglichen Verrichtungen. Wenn Haare gewaschen, die Heizung eingeschaltet oder das Gas abgedreht wurde, ist das vermerkt. Besonders bemerkenswert ist eine Eintragung am 18. Jänner des Kalenders 2006. Da heißt es „Staubsauger überhitzt, 2005" – und erinnert an den ersten Jahrestag der Überhitzung des Staubsaugers. Tatsächlich findet sich im Kalender des Jahres 2005 die kleine Notiz, wonach sich damals der Staubsauger überhitzt habe.

In Stifterscher Manier also führen sie Buch über die alltäglichen Handgriffe und Geschehnisse – ohne uns aber daran teilhaben zu lassen, was das alles in ihrem Inneren auslöst. Sie waren eben keine Stifter-Leserinnen, wie die Durchsicht ihrer Bibliothek zeigt. Sie fand Platz in einem Türrahmen, der zuvor einen kurzen Weg aus dem Vorraum ins Wohnzimmer geboten hätte, aber durch die Bücherregale nun versperrt wurde. Darin fanden sich neben ein paar wenigen bibliophilen Kostbarkeiten an Gebetbüchern vor allem populäre Bestsellerromane der Fünfziger und Sechziger Jahre, und – für bürgerliche Haushalte jener Zeit gewagte – Ratgeber wie die „Liebespraxis". Ein Buch mit der Anleitung zum „Küssen will gekonnt sein" und zur „Kunst zu flirten". Wer bei dieser verwandtschaftlichen Wohngemeinschaft bis jetzt von einem Konkubinat ausgegangen ist, und Assoziationen zum 80er-Jahre-Film „Zärtliche Cousinen" im Kopf hatte, kann diese Phantasie auch gleich wieder verwerfen. Natürlich war es eine außergewöhnliche Lebensverbindung der beiden Frauen, außergewöhnlich eng und partnerschaftlich, und ohne Zweifel mehr als eine Wohngemeinschaft. Aber eine Serviette aus dem Gasthof Stadler in Unterach am Attersee, die einer Serie von Schwarzweißphotos beigelegt ist, die in dieser Gegend aufgenommen worden sind, verrät zumindest einen Flirt Gretls. „Bitte vergiß mich nicht ganz", heißt es darauf, am 23. April 1964 von Männerhand geschrieben. Es könnte sich dabei um den Mann in Anzug und Krawatte am Landungssteg der Attersee-Schifffahrt handeln. Der Schrift zufolge richtete ein anderer Mann einen Brief an sie, von dem er ausging, dass sie ihn gemeinsam mit Hilde würde lesen. Vorsorglich schrieb er daher auf einen kleineren Zettel, den er diesem Brief beigelegt hatte: „diesen Teil des Briefes liest du halb für Dich allein". Er stammt von einem, der „kein Primaner" mehr ist, wie er schreibt. Und er schickt die innigsten Küsse. Und zwar via Briefpapier des Hotels El Mansour, Casablanca.

Gretls Rolle in der häuslichen Damenbeziehung war ohne Zweifel die beherrschende. Sie hat die wirtschaftlichen Dinge organisiert und den Haushalt geführt. Sie hat die Orgelspende an die Pfarre Gars am Kamp alljährlich überwiesen. 250 Schilling. Sie hat dem Spengler den Auftrag zur Reparatur der Dachrinne gegeben. Schilling 3.360,- überwiesen, lt. Rechnung. Sie hat den Verein „zur Förderung der Kultur im mittleren Kamptal" jahrelang mit Schilling 150,- unterstützt, und im Jahr 1998 ihren Beitrag ungebeten um Schilling 50,- erhöht. Ebenso viel hat der „Verein der Musikfreunde Schloss Breiteneich-Stift Altenburg" erhalten. Sie war Förderin, vor allem des Tennisklubs, der sich – wenn auch nicht jährlich – einer Spende über 10.000,-

Schilling erfreuen konnte. Sie hat die Heizkörper überprüfen lassen, und vermerkt, dass Hilde am 17. September 1992 ihren „Anteil von Schilling 1.000,-“ bezahlt hat. Auch all das geht aus den penibel geführten Listen hervor, die über jede Spende, jede Zahlung – und Hildes Beteiligung Auskunft geben. Zu Gretls Rolle in der Zweierbeziehung mit Hilde passt, dass sie es war, die gelegentlich zu einer Regie-Virginier aus der nicht weit entfernten Zigarrenfabrik in Stein an der Donau gegriffen hat. Mehrere Schachteln des mittlerweile besonders gut abgelegenen Tabaks waren im Haus zu finden. Und zwar in einer Schuhschachtel, auf der einst „Zigaretten und Tabak“ geschrieben stand. Die Präzision der beiden beim Ordnen und Aufbewahren ließ sie die Aufschrift auf „Zigarren und Tabak“ ausbessern. Tabak war korrekt, denn zur Sicherheit war tatsächlich bis zuletzt auch immer eine Schachtel Pfeifentabak im Haus. Die Blätter zerfielen zu Staub.

Gerade den Tabak haben sie nicht in Plastiksackerl eingewickelt, obwohl sonst kaum etwas anders als auf diese Weise verpackt wurde. Für ihre Systematik aber logisch: Er sollte nicht archiviert werden, sollte nicht auf Dauer seinen Platz in der Schachtel haben, sondern verbraucht und geraucht werden. Aber schon die Liste der Fernsehprogramme und ihr Speicherplatz an den Knöpfen des Röhrenfernsehers, der in der Küche gestanden ist, ist in Plastik verpackt. Die Programmierung war auf Dauer angelegt. Warum sind aber die Dinge, ehe sie mit den zuvor beschriebenen Strumpfteilen zusammengebunden werden, in Frischhalte-Sackerl gepackt? Das Haus ist weitgehend trocken, selbst der Keller weist keine Feuchtigkeit auf, trockene Staubschichten überziehen dort die Dinge. Sollte selbst bei Wassereintritt, etwa einem hundertjährigen Kamp-Hochwasser alles gesichert sein? Sollen die Dinge in den Frischhaltebeuteln frisch gehalten werden? Und wozu und für wen? Besonders frisch sollte offenbar bleiben, was zuletzt in einem funktionstüchtigen Kühlschrank im Keller des Hauses deponiert worden ist: die Buchhaltung der „Hotelbesitzerin Margarethe Höfler“. Ist sie da wirklich nur der gesetzlichen Pflicht zum Aufheben der Papiere nachgekommen? Das ist doch keine Erinnerung, das sind Fakten, für die sich danach offenbar nicht einmal mehr das Finanzamt Horn interessiert hat! Es sind wieder nur

Zahlen wie die Blutdruckmesswerte, oder die Tage, an denen die Haare gewaschen wurden, oder das Verzeichnis am Geburtstag entgegengenommener Blumenstöckerl. Und wir wollen doch Glück und Unglück, Freude und Leid dieser beiden Leben kennenlernen.

Wir geraten ans Glücksspiel. Es ist wenig überraschend, dass die beiden alle Lottoscheine aufgehoben haben, seit sie sich diesem kleinen Nervenkitzel hingegeben hatten. Und das war seit Einführung des Spiels in Österreich, im Jahre 1986. In kleinen roten Plastikumschlägen mit der Aufschrift „Lotto-Toto" steckten die ausgefüllten Lottoscheine inklusive der Ziehungsergebnisse, die sie aus der Zeitung ausgeschnitten hatten. Hier ist eine Chronik des Glücks aufgezeichnet, wenn auch wieder nur eine sehr äußerliche. Große Gewinne sind nicht zu finden, aber es könnte auch einer übersehen worden sein. Denn der Kopie eines aufgegebenen Lottoscheins ist der Zettel beigefügt, auf dem es heißt: „nachsehen". Es ist bis heute nicht geschehen.

„Nachsehen" – das ist Gretls Handschrift, auch im übertragenen Sinn. Es ist ihre Art, das Leben zu organisieren, mit Millionen von Vermerken auf allem, was durch ihre Finger geht. Arbeitsaufträge, zumeist an sich selbst gerichtet, Vollzugsmeldungen („überwiesen" – „erledigt" – „ausgeschaltet") und Fakten, die den Inhalt des strumpfumwickelten Pakets skizzieren. So akribisch wie Gretl über das alltägliche Leben Buch führt, ist es Hilde, die sich des anderen, nicht alltäglichen Teils des Lebens annimmt. Sie ist die Logbuchführerin der Muße.

Wir entdecken Aufzeichnungen über die Reisen der beiden Cousinen, und erwarten, doch zumindest in diesem Zusammenhang etwas über ihre Gefühle, ihr Reiseglück, ihr Fernweh zu erfahren. War es die fremde Welt, die mit dem Aufblühen der Sommerfrische im 19. Jahrhundert nach Gars gekommen ist, die sie infiziert hat? Wollten die beiden – umgekehrt – in jene Welt, aus der viele Besucher in ihren Ort gekommen sind?

Es sind dicht beschriebene, hauchdünne A4-Seiten, die am linken Rand wahlweise mit goldener oder silberner Alufolie gebunden sind. Stoff dafür gibt es genug. Die beiden waren viel unterwegs. Ein Ausschnitt aus fünf Jahren: Die Frühjahrsreise 1988: Schweiz – Frankreich/ Provence, Lourdes. Die Frühjahrsreise im nächsten Jahr: Italien – Frankreich – Spanien. Im April, kurz vor Fall des Eisernen Vorhangs, nach Prag. Im Juli 89 nach Florenz – Orvieto – Rom – Assisi – Ravenna. Im Oktober nach Griechenland. Im nächsten Sommer: Skandinavien-Reise, das Jahr darauf im Juni durch Deutschland und Luxemburg. Einen Monat später eine Reise nach Berlin, und im August: Gardasee – Verona. Die Herbstreise führt sie nach Istanbul, die nächste Frühjahrsreise durch die ČSFR – Polen – Schlesien. Im Juli geht's durch den Schwarzwald, die Schweiz und das Elsaß, im Oktober nach London, im November nach Spanien: Madrid – Toledo – Escorial. März 1993: Frankreich – Loiretal, im Mai: Luxemburg – Belgien – Holland – BRD, September: Flug nach St. Petersburg, im Frühjahr an die Riviera.

Interessanterweise ist es Hilde, die die Chronistin der vielen Reisen ist. Hilde, von der keine Notizen zu all den alltäglichen Dingen des Lebens zu finden sind. Die Arbeitsteilung aber scheint nur auf den ersten Blick eine zu sein. Denn auch Hilde hält fest, was zu einem Großteil in jedem Reiseführer nachzulesen ist, und auch sonst viele Fakten, äußerliche Beschreibungen: „Der Doktor hält schnell noch einen Kurz-Vortrag: Rom, angeblich 753 v. Chr. gegründet, Romulus und Remus, gesäugt von der Wölfin. Latiner, Etrusker, in stetigen Kämpfen wurde die Stadt immer mächtiger und größer. Auf 7 Hügeln liegend, Stadtstaat, seit 510 v.Chr. Republik. (...) Alle hören artig zu, er erzählt auch noch launig über den Raub der Sabinerinnen, was den Herren sichtlich gefällt. No na." Die meisten Reisen sind Busreisen, die in frühen Morgenstunden vor der Kurkonditorei Ehrenberger bei der Dreifaltigkeitssäule in Gars ihren Ausgang genommen haben, nur wenige Schritte vom Haus der beiden entfernt. Verzeichnet sind genaue Uhrzeit des Weckrufs durch einen Bekannten, Eintreffen am Platz, Warten auf den Bus, Einsteigen, die Sitzplätze. „Wir sitzen in Reihe 4, links". „Fahrer Toni (sehr nett, wir waren mit ihm in Berlin im Vorjahr) und vor uns lieb wie immer Koppensteiner.

Seine Gattin ist diesmal nicht mit (hatte Operation und ist noch rekonvaleszent). Schade, wir mögen sie auch sehr gern." Da blitzt also doch auch ein wenig Persönliches in den Konvoluten an Reisetagebüchern durch. Hilde war es, die die sonst so umtriebige Cousine dazu animieren, überreden, zuweilen drängen musste, mit ihr zu verreisen. Denn Gretl wollte ständig Ordnung herstellen, und ließ sich offenbar auch nicht von der Aussicht zu verreisen gerne davon abbringen. Das ständige Ordnen hat nicht zu einer Aufgeräumtheit geführt, wie wir den Begriff Ordnung herkömmlicherweise verstehen. Und daher hat sich für sie nie der Zustand einer endgültigen Ordnung, nach der sie aber offenbar ständig strebte, eingestellt. Hilde schreibt zu Beginn einer ihrer Reisebeschreibungen: „Gretl wäre viel lieber zu Hause und möchte ihre Zimmer in Ordnung bringen... Ich glaubs eh, aber jetzt sind wir eben da." Das war gewiss ein Gretl tief innewohnender Beweggrund, nur mit Vorbehalten die vielen Reisen anzutreten, zu denen sie Hilde gedrängt hat. „Gretl mag nicht so recht - Ostern kommt - und überhaupt ... Aber da ich will (...) packt sie halt gottergeben ihre Sachen!", heißt es in einem anderem Bericht. Dann wieder war es der Tod des Hundes, der die Reise überschattete: „Gretl freuts gar nicht, sie fahrt nur mir zuliebe, in diese erinnerungsträchtige Gegend schon gar nicht gern [Anm.: Schwarzwald]; vom Hundejammer sind wir auch sehr angeschlagen, Bumpferl heimgebracht." Aber auch schon zu Lebzeiten des Hundes, hat er die Reisebereitschaft Gretls beeinflusst. „Wir haben kurzfristig beschlossen, nach Polen mitzufahren. Gretl glaubt irgendwie, sie sei mir das schuldig, weil ich vor einigen Jahren wegen ihres Hundebisses absagte."

War Hilde von Gretl gar beauftragt, diesen Teil des Lebens für die beiden so ausführlich zu dokumentieren? Sie, die bereits seit den frühen 50er-Jahren alle Aufenthalte, und sei es nur in einer nahegelegenen niederösterreichischen Wallfahrtskirche gewesen, genau verzeichnete. Einst nur auf den Rückseiten entsprechender Ansichtskarten, stichwortartig, später dann als ausgeschmückten Erlebnisbericht. Es blitzt neben ein paar wenigen Stimmungsbildern, die sie uns darlegt, gelegentlich auch ihr Verhältnis zu Gretl durch. Es war von Bewunderung geprägt. Manchmal des Geldes wegen, in

Monte Carlo: „Alles sehr teuer hier. Gretl ist wohl die einzige in der Gruppe, die genügend Geld mithat, um das zu kaufen.“ Oder weil sie Eindruck auf Männer machte. Der türkische Hotelbedienstete „an der Frühstücksbar strahlt Gretl hingerissen an. Die schaut aber auch wirklich fesch aus heute morgen wieder.“ Obwohl Hilde ganz offenbar keine Probleme mit den anstrengenden Gruppenreisen im Autobus hatte, wollte sie auch Zeit mit ihrer Cousine alleine verbringen: „Wie gerne wäre ich mit Gretl allein hier, mit mehr Zeit!“ Hoteleinmarsch in Spanien: „Hand in Hand“. Das ist sogar auf einem Teller abgebildet, auf den eine Photographie aufgedruckt ist. Fünfzig Schilling, sie haben ihn gleich gekauft. Weil „Gretl ist sehr attraktiv drauf“. Gretl hingegen ist auch auf Reisen die Ordnende, die Struktur und Klarheit in die vielen Dispositionen, die damit verbunden sind, bringen will. In mittlerweile klebrig gewordenen, billigen, roten Plastikkuverts der Horner Sparkasse verwaltet Gretl die vielen verschiedenen Währungen, die man damals für Trips durch Europa brauchte. Vielfach ist es Restgeld. Für die Fahrten in die nahe ČSFR ist eine ganze Menge Bargeld in Reserve, es „gehört uns beiden zu gleichen Teilen“ heißt es auf dem beigesteckten Zettel. Sie müssen noch mit Reisen in viele andere Länder, und mit wieder neuen Währungen, gerechnet haben. Denn ein ganzer Stapel dieser roten Plastikkuverts ist mit dem obligaten Strumpfband zusammengebunden, in einen Frischhaltesack gesteckt und mit einem Zettel versehen, auf dem „leere Umschläge“ steht. Ebenso ungebraucht geblieben sind die ersten Münzen, die sie im Zuge der Schilling-Umstellung auf den Euro im Jahr 2002 bekommen haben. Ungeöffnet ist das Startpaket, das damals in den Banken ausgegeben worden ist, beigelegt Umrechnungstabellen Schilling-Euro und zurück, auch diese Tabellen sind in Mengen vorhanden. Die Münzen dienten offenbar als Musterkollektion zur jederzeitigen Nachschau, wie das neue Geld aussieht. Ihr Ordnungs- und Archivierungssystem sollte nicht nur ihr eigenes Leben dokumentieren, es sollte auch allgemeine Auskünfte über das Leben an sich möglich machen. Dazu haben die beiden tausende Zeitungsartikel ausgeschnitten, manchmal ganze Seiten oder Zeitungsteile aufgehoben. Und zwar zu den Themen ihres Lebens: Gesundheit und Fitness, Kultur und Reise, Steuern und Gebühren, Erben und Elektroinstallationen. Sie gestalteten ein Wikipedia ihrer Welt, mit Verweisen in andere Strumpfpakete. Das ist die lexikalische Komponente ihrer Systematik.

Wenn man so viele Sedimente des Lebens zweier Menschen findet und untersucht, fragt man sich, welches Bild von der Welt, welche Weltanschauung im politischen Sinne die beiden hatten. Alle Parteien haben den Haushalt mit Werbebroschüren versorgt, Massenpostwürfe geschickt. Alles war noch vorhanden. Werbegeschenke haben sie bei Veranstaltungen im Ort eingesteckt, obwohl sie Kugelschreiber und Flaschenöffner so wenig brauchten wie die jährlichen Werbegeschenke der Sparkasse. Ihr Weltbild war nicht geordnet. Das heißt: All die Briefe, Broschüren und Geschenke, waren nicht – wie das bei so gut wie allen anderen Kapiteln und Bereichen ihres Lebens der Fall war – in einem Themengebiet mit Strumpfband zusammengehalten. Was zu diesem Thema zu finden war, war verstreut – und dieses äußere Bild entspricht wohl ihrer inneren Einstellung. Auch wenn äußere Umstände, das frühere Schusterunternehmen, die Immobilien, die christliche Einstellung, auf ein ÖVP-Wahlverhalten hindeuten, auch Material der SPÖ und FPÖ wurde von ihnen abgelegt und aufgehoben. Aus keiner der vielen Aufzeichnungen und Kommentierungen, mit denen sie an keiner Stelle gespart haben, ginge hervor, was sie von der Politik einer bestimmten Partei hielten. Ordnung jedenfalls war ein Begriff, den sie nicht automatisch im Begriffspaar Recht und Ordnung, im Sinne von Law & Order, verorteten. Ordnung war ohne Zweifel ein zentraler Aspekt in ihrem Zugang zur Welt. Aber diese Ordnung war nicht die der Disziplin, die etwas Autoritäres transportiert, nicht die, mit der Zucht und Reglement einhergeht. Ihre Ordnung ist eine, die ausschließlich auf phänomenologische Katalogisierung abzielt.

Keinesfalls darf man die Verwendung des Begriffs „Niederdonau“ durch Gretl im Jahr 2003, wie ihn die Nationalsozialisten während des „Anschlusses“ für Niederösterreich verwendet haben, als Ausdruck der Ewiggestrigkeit begreifen, nicht als Kokettieren, schon gar nicht als gewolltes Provozieren. Die vorübergehende topographische Bezeichnung findet sich in allergrößter Selbstverständlichkeit im Briefkopf eines der letzten Briefe, die Gretl geschrieben hat. Er ergeht am 11. 11. 2003 an Herrn Daniel, Waschmaschinenverbindungsmann des Hauses Höfler. Schuhhaus Höfler, in Gars am Kamp, Niederdonau – heißt es da im Absender. In der Zeit, in der die Gaue ob und nieder der Enns Österreich nicht im Namen führen durften, und die für viele eine Zeit großer Erwartungen und hoffnungsfroher Zukunft war, hat auch Gretls Vater Anton Höfler ordentlich drucken lassen. Die Druckerei „F. Berger" in Horn kam kaum den Aufträgen nach. Viel wurde in den wenigen Jahren, in der „Niederdonau" die korrekte Anschrift war, dann allerdings nicht davon gebraucht. Die Drucksorten wurden auch nicht aufgehoben, sondern nur nicht weggeworfen. Margarete Höfler sah keinen Grund, sie über sechzig Jahre später, nicht als Briefpapier zu verwenden.

Obwohl sie genug Grund gehabt hätte, die Zeit, die ihrem Bundesland den Namen „Niederdonau" verlieh, zu verdrängen, und sich damit auch radikal von den Alltagsspuren dieser Zeit zu trennen, sind auch diese Sedimente nicht aus dem Haus verschwunden. Im Gegenteil: Sie waren besonders gut verwahrt. Nicht gesichert, sondern weggesperrt.

Im Zuge der Erwerbung der Liegenschaft von den Nachfahren der beiden Cousinen, der Weinbauernfamilie Ott aus dem nahegelegenen Feuersbrunn im Jahr 2015, stellte sich in den Gesprächen mit dem Verkäufer heraus, dass es im Haus einen Tresor geben könnte (Wir erinnern uns an die Klumpert-Definition auf Seite 45 und ordnen ihn der Kategorie a zu.). „Könnte" deshalb, weil er wahrscheinlich längst von einem der vielen Besucher im Zuge des Verlassenschaftsverfahrens nach dem Tod der beiden entfernten Tanten mitgenommen wurde. Für den Fall, dass er doch gefunden wird, wurde vereinbart, dass der Inhalt dem Verkäufer zusteht. Unsere archäologische Arbeit in den Zimmern der beiden Frauen waren schon abgeschlossen, dutzende Kisten mit den Resten ihres Lebens gefüllt, und in Sicherheit gebracht, als noch die letzten sperrigen Dinge aus dem Haus zu bringen waren. Wir hielten das für reine Transportarbeit, bei der unser Blick auf die Reminiszenzen des Haushalts nicht notwendig war, und nahmen Mohnnudeln bei Ehrenberger. Da meldete ein Arbeiter den Fund des Tresors. Ein gusseisener, kaum von der Stelle zu bewegender Tresor im Holz-Look der Jahrhundertwende. Ein Schlosser war schon bestellt, das Ding zu knacken, als Bernhard Ott mit dem Schlüssel kam. Bis obenhin war der Tresor vollgeräumt, ein kleines Abbild des Hauses: Auch die Laden darin waren vollgefüllt und kaum aufzuziehen. Aber: kein Geld, kein Schmuck, keine Wertsachen und keine Wertpapiere fanden sich darin. Nicht einmal Kriegsanleihen – die waren an anderer Stelle im Haus zuvor schon frei zugänglich und geborgen.

Es war kein Vermögen, das da weggesperrt gewesen war. Es war vielmehr ein besonders schmerzlicher Teil der Geschichte der Familie. Ein Ahnenpass fiel uns in die Hände, vulgo Ariernachweis. Bis ins 17. Jahrhundert zurück waren darin Eintragungen zu finden, anbei ein dicker Packen Bestätigungen aus den Pfarren des Kamptales, in denen die betreffenden Vorfahren getauft wurden, geheiratet haben, und gestorben sind. Allein an diesen zentimeterdicken Aktenstößen einer einzigen Person lässt sich die bürokratische Versessenheit des Nationalsozialismus festmachen.

Und an einem weiteren Ordner mit unzähligen Schriftstücken, Bestätigungen, Ansuchen und Ablehnungen, gestempelten Bittbriefen, und informellen Spendenbriefen, lässt sich das Leid, das dieses Regime über die Menschheit im allgemeinen und über Gretl im Besonderen gebracht hat, festmachen. Es ist eines von Millionen Schicksalen, wie es Menschen in dieser Zeit in Europa und darüber hinaus erlebt haben. Es ist sogar nur das einer Familie, die nicht im Fokus der politischen Verfolgung oder der rassischen Vernichtung gestanden ist. Und doch ist das Leid, das sich uns nach Durchsicht dieser Dokumente erschließt, nicht relativierbar. Es trifft jenen ganz unmittelbar, der die Feldpost in Händen hält, von der klar ist, dass sie etwa im Jänner 1943 an der Ostfront in Russland geschrieben worden ist.

In den Wochen der Durchsicht der Dinge dieses Hauses im Frühjahr 2016 ist das Buch „Durchbruch bei Stalingrad“ von Heinrich Gerlach erschienen. Der Autor verfasste es nach seiner Gefangennahme im Kessel von Stalingrad, also in den Jahren 1943 und folgende. Ehe er vier Jahre nach Kriegsende freigelassen wurde, beschlagnahmten sowjetische Behörden das Manuskript. Im Jahre 2012 wurde der Antikriegsroman in einem Moskauer Archiv entdeckt und editiert. Inhalt und noch viel mehr die Entstehungsgeschichte des Textes sind ein spannendes Zeitdokument, das auch nur entfernt an Geschichte interessierte Leser in seinen Bann zieht, eindrücklich, mitreißend. Und doch ist es sauber gedrucktes Papier, sind es fehlerfrei gesetzte Buchstaben zwischen zwei Buchdeckeln, die von einem Berliner Verlag und dessen Grafikern lange nach den Ereignissen, in einer anderen Zeit und in einer anderen Welt, gestaltet worden sind. Der Lektüre im warmen Arbeitszimmer der Gegenwart wohnt daher eine wohlige Distanz zum Geschehen inne. Es ist ja nur ein Buch.

Und auf einmal: Raues Papier, gefaltet, mit Flecken und Eselsohren, mit Spuren der Umgebung, in der es beschriftet wurde, Ereignisse und Gefühle, die das Niederschreiben unmittelbar begleitet haben. Briefe, mit Bleistift hastig gekritzelt, die Handschrift des Verfassers, abgestempelt und durch viele Hände und die Zensur gegangen. Ein Papier, über dem die Empfänger Tränen vergossen haben, und auf das sie – auch hier, und hier ganz besonders prägnant – Notizen geschrieben haben, das sie wieder geglattet und in einer Mappe abgelegt haben. Es sind die Ereignisse, die nicht, wie der überhitzte Staubsauger, in einem der vielen Kalender dokumentiert sind, sondern die sich nur aus dem erschließen, was an Schriftstücken vorhanden ist. Es sind Ereignisse, die in einem Tresor nicht geschützt werden sollten, sondern *vor denen* sich die Bewohner geschützt haben. Wenn schon Stalingrad, dann nur im reißerischen Rückblick der Boulevardillustrierten „Die ganze Woche", aus der sich ein Artikel über die damals 60 Jahre zurückliegende Schlacht findet.

Unter den originalen Dokumenten sticht ein Brief hervor. Er liegt in der Mappe oben auf, mit rotem Farbstift hat Gretl „Letzter Brief" notiert. Es ist ein mit 7. 8. 1943 datierter Brief, den sie von ihrem Bruder Anton erhält. Feldpost aus Russland.

Liebe Gretl!
Habe gerade ein paar Minuten Zeit für Deine Briefe zu danken. Ja Gretl es schadet eigentlich keinem wenn er einrücken muß, doch daß jetzt schon die 26er dran sind – ich verstehe das nicht mehr – was wollen die mit den Kindern? Gretl sag noch der Mutter sie soll zum Höltl gehen u soll ihnen mein Beileid zu Karlis Tod aussprechen. Weißt ich hab so wenig Zeit sonst hätt ich ja selber geschrieben. Daß Ihr die Bestätigungen f. Gesuch nicht erhalten werdet dacht ich mir ja gleich – doch versucht halt mit denen, die ihr bekommt. Viele Grüße, Tonsch.

Zu dieser Zeit bemühten sich die Eltern Höfler, einen Arbeitsurlaub für ihren Sohn im Geschäft des Garser Hauses zu erwirken. In seitenlangen Gesuchen (darauf bezieht sich der Brief) schreibt Gretls Vater an die Gauwirtschaftskammer, welch kriegswichtige Arbeiten der Schuhmachergehilfe in der Heimat zu verrichten hätte. Er hatte sich dabei, wie es klingt, weltanschaulich verrenken müssen. Er hat darin mit ausholender Geste die Notwendigkeit der raschen Rückkehr beschrieben, die Versorgung der Bombenflüchtlinge aus der Stadt, die jetzt auch bei ihm die Schuhe reparieren lassen müssen, weil sie keine Bezugsscheine für neue hätten. Sogar eine schwere Erkrankung seiner Frau ist angeführt und mit Unterschrift des Bürgermeisters bestätigt.

Das nächste offizielle Schreiben, ist ein mit 30. August 1943 datierter Brief „aus dem Felde", wonach Soldat Höfler nach einem Gefecht bei Kirow, 900 Kilometer östlich von Moskau, im „Kampfraum Wjasma-Smolensk-Brjansk-Orel", wie es heißt, vermisst werde. Wäre einem der zahlreichen Ansuchen um Beurlaubung stattgegeben worden, hätte sich Anton jedenfalls nicht im Zuge jenes Gefechts an diesem Kriegsschauplatz befunden, und das Schicksal der Familie möglicherweise eine andere Wendung genommen.

Jetzt beginnen die Nachforschungen. Briefe gehen an die Gefangenensuchaktion, eine Nazi-Behörde, und ans Rote Kreuz. „Anbei eine kleine Spende", heißt es am Ende des Schriftstücks ans Rote Kreuz, und sie war wohl weniger zur Unterstützung der Hilfsorganisation gedacht, als zur Versicherung, die eigenen Hoffnungen mögen sich erfüllen. Ehe Höflers auch beim Türkischen Roten Halbmond eine Suchanzeige aufgeben konnten, mussten sie erst in aufwändiger Recherche die Adresse herausfinden. Nach dem Krieg, als aus dem Funkhaus in der Wiener Argentinierstraße die RAVAG sendete, wünschten sie per Postkarte, Tonsch in einer Sendung, die sich an Personen in russischer Kriegsgefangenschaft richtete, via Radio eine Botschaft auszurichten. Im Antwortschreiben der Ravag wird darauf hingewiesen, dass es sich um eine Gruß-, und nicht um eine Suchsendung handle.

Es blieb bei Gretls Vermerk „Letzter Brief". Die Familie blieb ohne Nachricht. Am 30. Oktober 1957, also vierzehn Jahre nachdem Anton Höfler jun. vermisst gemeldet wurde, schrieben seine Eltern ihren wohl schwersten Brief, und stellten beim Kreisgericht Krems an der Donau den Antrag auf Todeserklärung ihres Sohnes. Ihr Hoffen darauf, dass er bei den Rückzugsgefechten verletzt, und so in russische Gefangenschaft geraten war, ist endgültig vorüber. Am 28. Jänner 1958 teilt das Bundesministerium für Inneres dem Kreisgericht Krems mit, dass „sich aus dem Umständen, die zum Vermißtsein führten, die Wahrscheinlichkeit ableiten lässt, dass der Vermißte nicht mehr am Leben ist". Auch wenn das klar war, Sicherheit hatten sie nie bekommen. Er wurde einer von Millionen unbekannten Soldaten, dessen Leid aber bekannt ist, und sich zwischen den Zeilen in den vielen Feldpostbriefen lesen lässt. Ein Partezettel nach der Art derer, die sich zu dutzenden im Haus finden ließen, und auf denen dem „Heldentod in der Schlacht um Stalingrad" gehuldigt wird, ist ihm erspart geblieben. Zumindest dieser nachträglichen, bis in den Tod reichenden Lüge war er nicht mehr ausgesetzt. Gretls Bruder ist in den frühen 1940er-Jahren wie viele durch die Welt gereist, hat Ansichtskarten mit Palmenpromenaden aus Frankreich geschrieben, mit anmutigen Hügellandschaften aus Osteuropa. „Es sieht aus, wie bei uns in den Bergen", steht auf einer zu lesen. Es ist die Art, wie Männer in der Mitte des 20. Jahrhunderts durch Europa gekommen sind, zumeist für eine Erst- und Letztbesichtigung. Eine fast unbeschädigte Packung „12 Sammelbilder aus den besetzten Ostgebieten" fällt uns in die Hände. Die darin enthaltenen Ansichten vermitteln geradezu eine positive Neugier am Fremden, an den

Nachbarn und an der Ferne. Und doch hätte er diese Orte anders besuchen sollen: Als leidenschaftlicher Tourist, wie es seine Schwester nach dem Krieg begonnen und später intensiviert hat.

Gretl hat sich auch mit den Russen von Beginn an anders arrangiert. Gars ist mitten in der sowjetischen Besatzungszone gelegen. Gleich im Jahr 1945 hat sie ein Wörterbuch Russisch-Englisch erworben, und, wie Übungshefte zeigen, Versuche unternommen, die russische Sprache in Wort und Schrift zu lernen. Sie musste die Rolle ihres Bruders einnehmen, und an dem wirtschaftlichen Fundament weiterbauen, das ihr Vater gelegt hat, und wofür nach damaliger Selbstverständlichkeit ihr Bruder vorgesehen gewesen wäre. In einem Brief von der Front zum fünfzigsten Geburtstag des Vaters hat Anton jun. darauf Bezug genommen. Auch diesen hat Gretl in ihrer Ablage deutlich gekennzeichnet. Mit demselben roten Farbstift, wie sie ihn für Antons letzten Brief verwendet hat, ist am Kuvert vermerkt: „zum Geburtstag von Vater". Es war der Vermerk, dass darin der Arbeitsauftrag für ihr Leben zu finden sei. Abgewandelt natürlich, was aus den Umständen der Zeit bedeutet, dass eine Familie zu gründen keine Option ist, dass im Betrieb des Vaters geholfen werden und später die kleine Pension geführt werden musste. Das sich daraus ergebende Leben im eigenen Elternhaus bis zum Tode war Notwendigkeit, aber auch Reaktion auf die Zumutungen des Lebens, wie sie ihr der Krieg vor Augen geführt hat. Das für Weihnachten 1945 vorbereitete Geschenk „an Tonsch" ist noch erhalten. Es ist ein leeres Photoalbum, das er bekommen hätte, wäre er bis dahin zurückgekehrt. Ein Album, wohl gedacht für die Kriegsbilder – zur Erinnerung. Es ist leer geblieben. Wir haben es in Antons Schlafzimmer gefunden, in dem seit der Feststellung seines Todes niemand mehr nächtigen durfte.

Das Haus war Nest und Geborgenheit, aus der heraus Gretl agiert hat. Die Photographien dieser Zeit zeigen ein aktives Leben voller Genuss, Ausfahrten mit dem Auto, zuerst quer durch Österreich, später über die Grenzen, wie es in dieser Zeit nach dem Krieg keine Selbstverständlichkeit war. Die Bilder zeigen, wie sie das Leben genießt, unverbindlich, aber aufgeschlossen, kulturell interessiert, ohne sich politisch zu verrennen, wie es den Anschein hat, ohne bewusst gefasste politische Meinungen. Die Kombination aus Pflichtbewusstsein gegenüber den Eltern und der Gegenbewegung zu Kummer und Leid durch die lange Ungewissheit über den Verbleib des Bruders macht Männerbindungen offenbar schwierig. So war nur das Zusammenleben mit ihrer Cousine Hilde möglich.

Die vielen Theaterzettel, Programme und Eintritts- und Platzkarten zeigen in dem kulturell so aktiven Leben daher auch eine Pause. Selbst noch nach der Wende des Krieges nach Stalingrad, und während Anton jun. noch in Russland kämpfte, war man in der „Gorilla-Mensch", einer Darbietung des Zirkus Hagenbeck in der Zirkusgasse 44 im zweiten Wiener Gemeindebezirk. Aus Russland waren da nur fünf sibirische Kamele und Dromedare zu sehen, wie im Programmheft vom März 1943 zu lesen ist, ansonsten waren natürlich alle Artisten aus Deutschland. Erst sechs Jahre nach diesem Zirkusbesuch wird das Kulturprogramm der Familie Höfler wieder aufgenommen. Es dürfte wöchentlich eine Vorstellung gegeben haben, die von ihr besucht wurde. 1949 im Wiener Bürgertheater. Schon 1950 stürzte man sich ins pralle Leben der Salzburger Festspiele, von denen aus nahezu jedem Sommer Programme und Eintrittskarten vorhanden sind. Salzburg war aber auch außerhalb der Saison ein Ziel: etwa zur Mozartfeier im Jänner 1956, „Idomeneo" im Festspielhaus. Die dem Programm beigelegte Eintrittskarte vom 27. 1. 56 war für Sitz 160, II Rang Mitte, und hatte den Preis von 70 Schilling. Es musste aber nicht nur Hochkultur sein. Programmhefte des Moulin Rouge und des Simpl, von einem Zarah- Leander-Auftritt in Salzburg, und von der Löwinger-Bühne in Wien sind zu finden. Und als die Staatsoper wieder eröffnete, war die Familie Höfler auch gleich dort, wie das Programmheft von 1956 zeigt.

Zwischen Staatsoper, Volksoper, Burgtheater, Salzburger Festspiele und unterm Jahr das Landestheater, Wiener Blumenkorso und Waidhofner Volksbühne – noch aus der sowjetischen Besatzungszone heraus absolvierten sie ein Kulturprogramm, das geradezu von einer Kulturbesessenheit zeugt, und ohne Zweifel Kompensation für die Entbehrungen der jüngsten Vergangenheit war. Auf einem Wien-Plan aus der Nachkriegszeit, auf dem alle öffentlichen Verkehrsmittel eingezeichnet sind, haben sie die Wohnorte nur einiger Bekannter eingezeichnet, aber alle Kulturstätten und die Aus- und Umstiegsstellen, um dorthin zu kommen. Um aber auch sicher wieder nach Hause zu gelangen, hat Gretl mit ihrem roten Farbstift den Franz-Josefs-Bahnhof auf dem Plan dick angestrichen und am Ende einer Linie, die die Gleise bis an den Rand der Karte nachzieht, mit „nach Gars" beschrieben. Wenn es dort kulturelle Angebote gegeben hat, konnte sie anfangs mithalten – und ist selbst aufgetreten. Der „Gesang- und Musikverein Gars am Kamp" lud zu einer „Vortragsfolge zur Sylvesterfeier am 31. 12. 1949 mit Wiederholung am 6. 1. 1950" ein. Unter Punkt 7 findet man „Grete Höfler und Kurt Strauß: Lieder aus dem Film „Schrammeln" a) Man ist einmal nur verliebt b) Wer no in Wien net war". Darüber hinaus ist über Gretls künstlerisches Engagement nichts zu finden gewesen, was ein fast sicherer Beweis dafür ist, dass es damit auch sein Bewenden hatte.

Es muss also doch ein einigermaßen virtuoses Spiel gewesen sein, wenn zu Hause, bei den letzten Weihnachten, die Gretl und Hilde im Hause verbrachten, musiziert wurde. Als wir das Klavier, das mit Weihnachtsdekoration überzogen war, hinaustragen lassen wollten, und die Noten von „Stille Nacht" zuklappten, war auch das Da capo zu Ende. Mehrmals hat es im Hause diesen einen Da-Capo-Tag gegeben, an dem das alles hier seine Richtigkeit hatte. In den Jahren, als niemand im Hause zugegen war, stimmte jeweils an einem einzigen Tag im Jahr, am 24. Dezember, das Arrangement. Immer wieder war alles vorbereitet, die Geschenke ausgebreitet am Tisch, ein Kerzerlengerl stand bereit – und am ersten Blick wäre niemand auf den Gedanken gekommen, hier ein lange verlassenes Haus vor sich zu haben. Einzig am Klavierfriedhof sah man, dass schon länger keine Toten dazu gekommen sind. Dieser Friedhof der Partezettel erstreckte sich von der benachbarten Kredenz über ein Beistelltischerl bis auf's Klavier und bestand aus einer gewaltigen Ansammlung von Todesarten. Fast jede war auf einem der kleinen Gedenkbildchen vermerkt. Sie standen, ungeordnet wie auf einem Friedhof, nebeneinander aufgereiht, sodass sich mit dem Blick durch die Grabreihen gehen ließ. Es gab einen kleinen Soldatenfriedhof, und einen großen zivilen, auf dem etwa Ruperts Kärtchen stand, der alle „Griegsschauplätze" (sic) überlebt hat, und dann ausgerechnet im Jahr 1946 nach kurzer schwerer Krankheit stirbt. Andere hatten lange, vielleicht leichte Krankheiten, mit deren Sterben man nicht gerechnet hatte. Sie sind plötzlich dahingeschieden, oder wurden unerwartet von Gott zu sich geholt. Wer aus eigenem Willen dorthin ist, dessen Todesart wurde nobel umschrieben. Oder nicht erwähnt. Außerdem finden sich in den billigen Sparkassen-Kalendern genauso wie in uralten Gebetbüchlein noch genauere Hinweise zum Sterben der näheren Verwandten. In den Gebetbüchern aus dem frühen 19. Jahrhundert entdeckten wir Eintragungen mit Tinte und in Kurrent gehalten, und Notizen mit Kugelschreiber geschrieben. Derart war der Tod „meines geliebten Willi" vermerkt, der „meiner lieben Tante Rosa", nur mit Datum und ohne Adjektiv, das über die Nähe der Beziehung Auskunft gäbe, „verstarb Onkel Adolf". Am 9. November 1983 „um 3h früh verstarb meine liebe liebe Mutter".

Den Friedhof der Geistlichen, aller Prälaten und Hochwürden, aller Äbte und Pfarrer aus den umliegenden Kirchen und Klöstern des Waldviertels, legten die beiden ausschließlich in den Gebetbüchern an – für sie fand sich von Kredenz bis Klavier offenbar kein Platz. Ordnung bis in dem Tod. Und Vorrat für künftige Todesfälle. Stapelweise fanden sich schwarzumrandete Briefkuverts, hunderten Hinterbliebenen hätten sie noch kondolieren können. Viele Tote haben sie offenbar noch erwartet, aber sie konnten es nicht mehr erwarten – und nicht mehr schreiben. So viele Todesarten wie Gedenkkärtchen haben sie in ihrem Leben gesammelt, sodass ihnen zur Vollständigkeit nur ihre eigenen Tode noch fehlten. Sie haben sie hinzugefügt, aber es hat niemanden mehr gegeben, der diesen Klavierfriedhof mit ihnen beiden abgeschlossen hätte.

Meinten die beiden Cousinen all das ernst? Oder wollten sie uns nur an der Nase herumführen – durch ihr Leben, ihr Haus, ihren Garten und ihre Welt?

Was, wenn wir mit dem Gestrüpp, mit dem Staub und Schmutz auch alles darunter Liegende und dahinter Verborgene entsorgt hätten. Wo wären die Erinnerungen dann – und braucht sie überhaupt jemand?

Ein Fall von zu spät erkanntem Klumpert: Der Plüsch-Leopard, dessen Funktion und Platz im Leben der beiden wir uns lange nicht erklären konnten.

Der Tod des Bewohners eines Hauses gibt oft Anlass durchzulüften, die Dinge durchzusehen, Liebgewonnenes von Unnötigem zu trennen, Memorabilia aufzuheben, Verbrauchtes zu entsorgen.

Im Hause Reinharterstraße 100 hat es diese Phase niemals gegeben. Deshalb sind in diesem unbewohnten Haus so viele Leben.

Manch Ensemble muss ausdauernd studiert werden, ehe man Ordnungsprinzipien und Botschaft erkennt.

Ein Fall für die Restengerlkiste. Auch als das Haus schon geräumt war, entdeckten wir immer wieder weitere Exemplare.

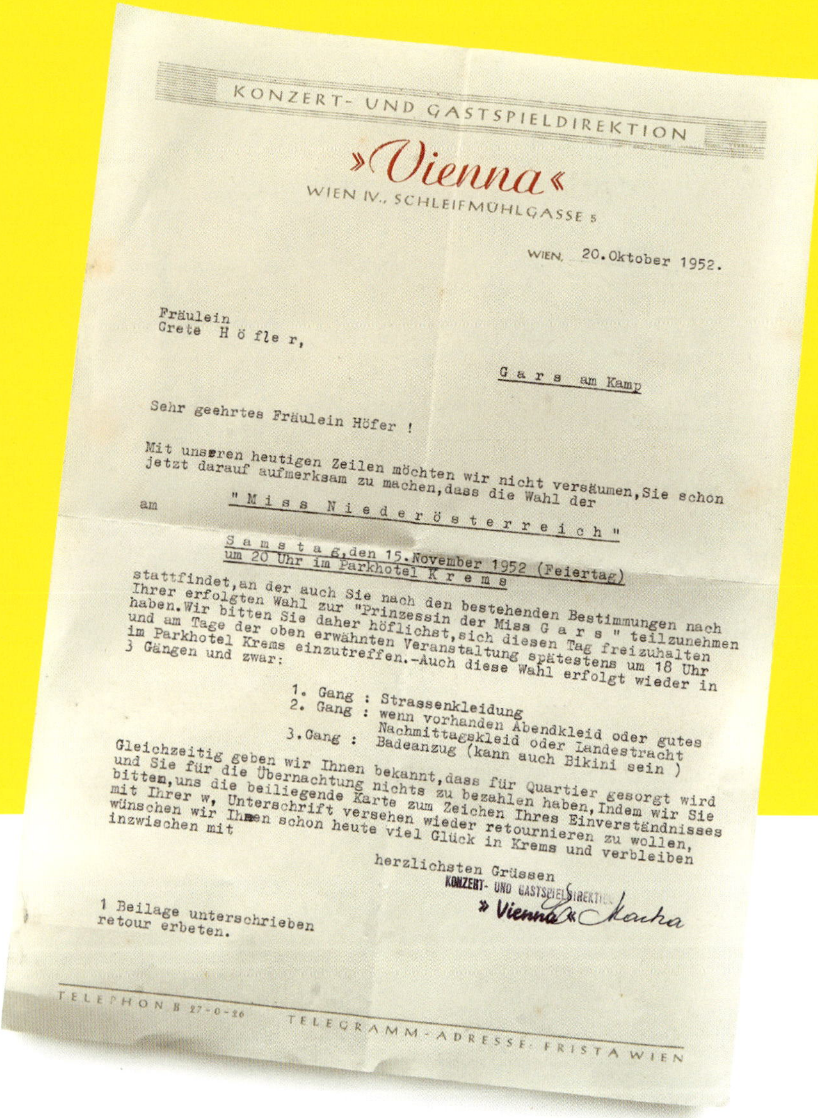

KONZERT- UND GASTSPIELDIREKTION
»Vienna«
WIEN IV., SCHLEIFMÜHLGASSE 5

WIEN, 20.Oktober 1952.

Fräulein
Grete H ö fle r,

G a r s am Kamp

Sehr geehrtes Fräulein Höfer !

Mit unseren heutigen Zeilen möchten wir nicht versäumen,Sie schon jetzt darauf aufmerksam zu machen,dass die Wahl der

am " M i s s N i e d e r ö s t e r r e i c h "

S a m s t a g,den 15.November 1952 (Feiertag)
um 20 Uhr im Parkhotel K r e m s

stattfindet,an der auch Sie nach den bestehenden Bestimmungen nach Ihrer erfolgten Wahl zur "Prinzessin der Miss G a r s " teilzunehmen haben.Wir bitten Sie daher höflichst,sich diesen Tag freizuhalten und am Tage der oben erwähnten Veranstaltung spätestens um 18 Uhr im Parkhotel Krems einzutreffen.-Auch diese Wahl erfolgt wieder in 3 Gängen und zwar:

1. Gang : Strassenkleidung
2. Gang : wenn vorhanden Abendkleid oder gutes Nachmittagskleid oder Landestracht
3.Gang : Badeanzug (kann auch Bikini sein)

Gleichzeitig geben wir Ihnen bekannt,dass für Quartier gesorgt wird und Sie für die Übernachtung nichts zu bezahlen haben,Indem wir Sie bitten,uns die beiliegende Karte zum Zeichen Ihres Einverständnisses mit Ihrer w. Unterschrift versehen wieder retournieren zu wollen, wünschen wir Ihnen schon heute viel Glück in Krems und verbleiben inzwischen mit

herzlichsten Grüssen
KONZERT- UND GASTSPIELDIREKTION
» Vienna « Macha

1 Beilage unterschrieben
retour erbeten.

TELEPHON B 27-0-26 TELEGRAMM-ADRESSE: FRISTA WIEN

Fräulein Höfler bewirbt sich um den Titel „Miss Niederösterreich 1952“. Von der Straßenkleidung bis zum Bikini war alles noch vorhanden.

Zu Gretls Rolle in der Zweierbeziehung mit Hilde passt, dass sie es war, die gelegentlich zu einer Regie-Virginier gegriffen hat.

Warum sind die Dinge, ehe sie mit Strumpfteilen zusammengebunden wurden, in Frischhalte-Sackerl gepackt? Das Haus ist völlig trocken, selbst der Keller weist keine Spur von Feuchtigkeit auf.

Gerade den Tabak hatten sie nicht in Plastiksackerl eingewickelt. Das hätte ihn feucht gehalten. Für ihre Systematik aber logisch: Er sollte nicht archiviert, sondern verbraucht werden.

Wir entdecken Aufzeichnungen über die Reisen der beiden Cousinen und erwarten doch zumindest in diesem Zusammenhang, etwas über ihre Gefühle, ihr Reiseglück, ihr Fernweh zu erfahren.

So akribisch wie Gretl über das alltägliche Leben Buch führt, ist es Hilde, die sich des anderen, nicht alltäglichen Teils des Lebens annimmt. Sie ist die Logbuchführerin der Muße.

„Gretl wäre viel lieber zu Hause und möchte ihre Zimmer in Ordnung bringen ... Ich glaubs eh, aber jetzt sind wir eben da", schreibt Hilde in den Reiseaufzeichnungen.

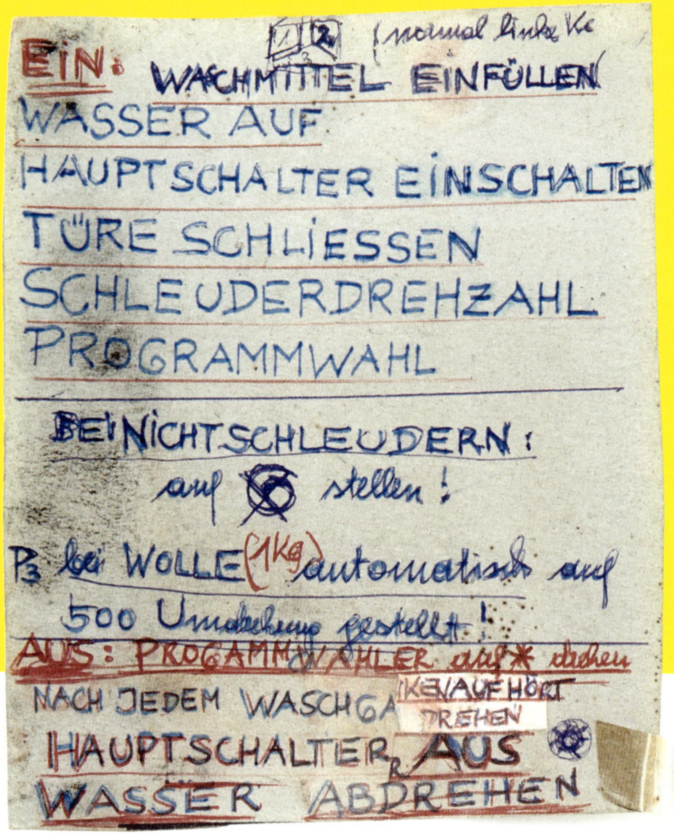

Viele Anweisungen richteten die beiden Frauen an sich selbst. Es war Versicherung, auch in wirren Zeiten das Richtige zu tun.

Manche Anweisung konnte sich allerdings nur an allfällige Nachbarn gerichtet haben: „Kanne zurückzugeben" ist beim Gießen nicht zu überlesen.

Wie für die Entdecker drapiert: Werbetafeln aus dem Schuhhaus Höfler.

Sie wurden für die Werbelinie der 1950er-Jahre angefertigt.

Als es nur mehr um ein paar sperrige Dinge ging, die abtransportiert werden mussten, dachten wir nicht, in einem vermissten Tresor noch eine weitere Welt zu entdecken.

Ein Fall von Zu-spät-identifiziertem-Klumpert. Wie sich erst nach Abtransport der Schuttmulde herausstellte, saß der Plüschleopard jahrelang im Fond ihres roten Cabrios.

SICHERN

WAS WIR WEITERTRAGEN

Ausziehen aus diesem Haus hätten die beiden Bewohnerinnen nicht können. Da kann man nur hinaussterben. Wer ein solches Leben führt, kontrolliert bis ins kleinste Detail, systematisiert und geordnet, wie man es vielleicht nicht braucht, wie es aber die einzige Möglichkeit für die beiden war, Übersicht in das Chaos der Welt zu bringen – wer also ein solches Leben führt, der kann das ohne Zweifel nur in seinen eigenen vier Wänden, wo in Jahrzehnten alles so gewachsen ist, dass es diesem eigenen Blick auf die Regeln dieser Systematik folgt. Wer solch ein Leben führt, kann das nicht plötzlich an einem anderen Ort, schon gar nicht an einem anderen Ort in hohem Alter wieder beginnen. Es war ein kurzer Versuch, eine Entscheidung, die andere über die beiden getroffen haben, aber der Versuch musste scheitern.

In diesem Moment des Abschieds aus dem Haus, war alle Ordnung sinnlos. In einer Sekunde hatte alle Ordnung ihre Übersichtlichkeit verloren, vor allem die spezielle Übersicht, die jemals jemand über sie hatte. Es waren Verweise und Kommentare, Erinnerungen und Notizen, die plötzlich keinen Adressaten mehr hatten. Oder doch? Hat Gretl gar darauf spekuliert, dass einmal ihr Leben aufgearbeitet wird, dass jemand kommt und sich im Dickicht der materiellen Spuren ihres Lebens auskennt, den sie gleichsam an der Hand nehmen muss, um ihn von einer Station zu nächsten zu führen, von einem Kasterl zum anderen, von einer Lade in die andere? Hat sie das alles gemacht, damit die Ordnung sie überdauert? Wollte sie ein Museum der Dinge ihres Lebens begründen? Folgte sie dem Appell des Literaturnobelpreisträgers Orhan Pamuk in seinem Manifest für sein Istanbuler Museum der Unschuld, in dem es unter Punkt 11 heißt: „Die Zukunft der Museen liegt in unseren Wohnungen und Häusern"? – Nein, das erschien für ihr Leben zu spät. Musste es nur jemandem leichter gemacht werden, all die Dispositionen, die sie zu treffen hatte, nachvollziehen zu können? Warum müssen wir denn, verdammt noch mal, wissen, wann sich ihr verschissener Staubsauger überhitzt hat? Interessiert das wirklich jemals jemanden? Hatte sie den Anspruch einer vollkommenen Ordnung, die deshalb nur in den Tod führen kann, weil sie in der Art perfekt sein sollte, dass ihr nichts mehr hinzuzufügen war? Eine Ordnung also, der nur noch der Tod fehlte?

Gretl war ohne Zweifel nicht nur eine Stiftersche, sondern auch eine Bernhardsche Figur – und das gibt die Antwort. Nach erschöpfender Durchsicht all dessen, was uns im Haus erwartete und in die völlige Erschöpfung getrieben hat, ist klar, was Gretl wollte: die Vollkommenheit, in ihren Fall in Sachen Ordnung. Wie Bruscon im „Theatermacher" die ganze Welterkenntnis in seinem „Rad der Geschichte" aufgeführt haben wollte, wie Roithammer in der „Korrektur" (in der nicht zufällig eines der beiden Kapiteln „Sichten und Ordnen" heißt) den idealen Wohnkegel für seine Schwester im Kobernaußerwald konzipieren wollte, so wollte Gretl die ultimative Ordnung und Systematik für ein Leben, für ihr Leben. Sie hat alles herangezogen, was ihr dafür nötig erschien, vielmehr noch: was dafür im Entferntesten in Frage kommen könnte. Die Strumpfhosen sind da nur ein kleiner Teil davon. Es scheint nach Beschreibung des Vorgefundenen ein verrücktes Vorhaben gewesen zu sein, aber sie war besessen davon, diesen end-gültigen Zustand herstellen zu können. So sehr, dass sie – wie wir erfahren haben – lieber auf Reisen mit Hilde verzichtet hätte. Sie hat gewiss auch bis zu ihrer eigenen Erschöpfung dieses Vorhaben vorangetrieben. Wie Roithammer hat Gretl ganz offenbar alles dem Ziel untergeordnet, *welches ihm* [hier: ihr] *plötzlich klargeworden, vor allem anderen wichtig und einziger Antrieb geworden ist, auf einmal existiert ein solcher nur mehr in der Abwehr alles dessen* [hier: der Reisen!], *was der Entfaltung und schließlichen Vollendung seines* [hier: ihres] *Ziels hinderlich oder auch nur im geringsten störend sein kann, alles abwehrend, sich mit nichts anderem als mit diesem seinem* [hier: ihrem] *Ziel Nützlichem mehr einlassend, geht ein solcher seinen natürlichen immer einsamer und schmerzhafter werdenden Weg, der in jedem Falle immer von einem solchen allein und ohne Beistand* [Hilde war skeptisch!] *gegangen werde muß, das ist Roithammer* [hier: Gretl] *aber schon sehr früh bewußt geworden, auf einmal hatte er* [hier: sie] *alles, vor allem alles mit Altensam* [hier: Gars] *und mit der Umgebung von Altensam* [hier: der Umgebung von Gars] *und also seine ganze Geistes- und Körperverwandtschaft, welche ihm* [hier: ihr] *plötzlich als die hinderlichste in seinem* (hier: ihrem) *Ziele erkannt gewesen war, hinter sich gelassen, aufgegeben* [...]. Und ihr ging es nicht nur darum, all die Dinge, die mit Gars und ihrem Haus in Zusammenhang standen, in das von ihr konzipierte System einzuordnen.

Ihr ging es auch um die Art, wie das geschieht. Denn es hängt primär nicht mit der Ordnung ihrer Kleider zusammen, dass Kleiderbügel mit besagten Strumpfteilen umwickelt wurden, dass der daran hängende Rock in der Mitte mit einer Sicherheitsnadel zusätzlich befestigt wird, um nicht durchzuhängen und sich so aus seiner Fasson auszuhängen, oder dass die Schürze mit einer Zeitung unterlegt wird, um auf dem schmalen hölzernen Kleiderbügel runder zu hängen. Es hängt auch nicht mit der von ihr intendierten Ordnung zusammen, dass ein Ölbild, durch dessen Rahmen, auf das es aufgespannt ist, ein Nagel sticht, mit einem Wundpflaster überklebt wird, um alles wieder in Ordnung zu bringen.

Ihre Intention war also ganz sicher nicht das Bewahren, um später Geborenen einen unterhaltsamen Einblick in das Leben vergangener Zeiten zu bieten – was aber natürlich bei Durchsehen der Räumlichkeiten der Fall war. Es ist gewiss auch nicht das Bewahren, das aus einer Chronistenpflicht erwächst, wissend, etwas Wertvolles zu besitzen, das einem eigentlich nicht alleine gehört, das zurecht anderen, Spätergeborenen, zugänglich gemacht werden soll, die Schaffung eines Museums des eigenen Lebens etwa. Diese Intention war es nicht. Das zeigt sich am Ende des Jahrhunderts und am Ende des Lebensbogens der beiden, der sich durch dieses 20. Jahrhundert zieht. Da erwirken die Cousinen eine Abrissgenehmigung „für ein unter Denkmalschutz stehendes Gebäude". Es war die Werkstatt des Schuhmacherbetriebs im Hinterhof. Fortgeschrittener Zerfall des Mauerwerks und des Dachstuhls werden als Grund angeführt, und der Abriss wird genehmigt. Sie wollten uns kein Freilichtmuseum schusterhandwerklicher Geschichte erhalten. Aber Gretl wollte, dass jede noch so kleine Disposition in diesem Zusammenhang nachvollziehbar bleibt, frisch gehalten in jenem Kühlschrank im Keller, der auch noch einige Akten für uns bereithielt. Einmal hätte es übrigens mit all dem ein jähes Ende haben können. Denn die Architektin der Hausrettung, Katrin Steinbacher, findet im Keller Brandspuren, und tatsächlich finden sich auch die Aufzeichnungen dafür und – wenig überraschend – der gesamte Schriftverkehr in diesem Zusammenhang. In einem Schreiben der Staatsanwaltschaft am Bezirksgericht Horn heißt es, es bestehe kein Grund, nach einem Täter zu suchen, der für die „Feuersbrunst“ verantwortlich wäre. Wäre es schlimm gewesen, wenn – nicht das Haus natürlich – die Aufzeichnungen und diese totale Ordnung untergegangen wären? Wäre das für die beiden gleichgültig gewesen? Haben sie eigentlich – und das ist doch eine ganz wesentliche Frage für all solche Ordnungsfetischisten, solche Ordnungsfaschisten geradezu – jemals zu Lebzeiten in all diese Aufzeichnungen, Reisetagebücher, Kalendernotizen, Strumpfbandkonvolute aller Art, hineingeschaut? Haben sie einen Sonntagnachmittag, oder auch jeden andern – sie hatten ja Zeit – dazu genützt, sich über all diese Ansammlungen herzumachen, in sie hineinzukriechen, wie wir das jetzt tun müssen? Welchen Wert hatte das alles eigentlich für die beiden? Wussten die beiden, was sie uns – oder jedem anderen, der das entdeckt – antun?

Ich hatte einen Moment der Verzweiflung in diesem Chaos. Kurz dachte ich, besser sei es, alles wegzuwerfen, die beiden Leben einfach auszulöschen, es gibt sie ja doch seit Jahren nicht mehr! Die Welt ist komplex genug. Warum sich auch noch mit deren beider Komplexität belasten? Ich hatte aber die Rolle des Aufhebers, des Retters all der Dinge, in diesem Projekt zugewiesen bekommen – unausgesprochen. Die Rolle war mir von Anfang an zugeschrieben und ich musste mich gegen die Avancen des Wegwerfers ständig durchsetzen und damit in die Rolle Gretls (was leicht fiel in meinem von ihr stammenden Sortier- und Sichtungsmantel!) schlüpfen. Ich schlüpfte also nicht nur in ihren Mantel, sondern auch in ihren Zugang zur Welt, den ich plötzlich gegenüber dem Photographen dieses Buches zu verteidigen hatte, der nur deshalb so leichtfertig seine Trennungslust aufkommen lassen konnte, weil er wusste, ich halte dagegen. Und er hat die Dinge ohnedies schon festgehalten. Und zwar viel besser, als es Hilde und Gretl in ihren Photosammlungen jemals vermocht hatten. Ihre Bilder teilen das Schicksal des Verblassens, nicht nur jene, die auf Papier belichtet sind, auch das Hand-in-Hand-Bild auf dem Erinnerungsteller von der Spanienreise aus dem Jahr 1992 ist vergänglich. Roland Barthes schreibt in seiner „Bemerkung zur Photographie“ in „Die helle Kammer“: „Nicht nur teilt es [Anm.: das Bild] das Schicksal des Papiers, es ist, auch wenn es auf härterem Material fixiert wird [Anm.: wie auf diesem Teller] um nichts weniger sterblich: wie ein lebendiger Organismus wird es geboren aus keimenden Silberkörnchen, erblüht es für einen Augenblick, um alsbald zu altern. Angegriffen vom Licht und von der Feuchtigkeit, verblasst es, erschöpft es sich und verschwindet." Erst die Digitalisierung beendet diese Vergänglichkeit, lässt auch noch das Verschwinden verschwinden. Der Digital-Photograph vermeint also tatsächlich für die Ewigkeit aufzubehalten, was bisher der Vergänglichkeit unterworfen war, auch wenn er nur *Informationen* über unsere zu untersuchende Welt produziert.

Und so überkam mich in jenem Moment der Verzweiflung, als all die Dinge in einem extra für diese Sichtungsarbeit angemieteten Objekt, einer benachbarten kleinen Halle, aufgehäuft dalagen, der Zweifel an der Sinnhaftigkeit dieses Widerstands gegen das Wegwerfen. Ich fühlte, wir haben uns übernommen. Denn wir können natürlich nicht jedem noch so kleinen Detail, das wir entdecken, auf den Grund gehen. Auch wenn nichts zufällig übrig geblieben ist, sondern Teil des verrückten Ordnungssystems ist, und uns letztlich alles auf Teile ihres Lebens zurückführt, und sich dieses fast lückenlos nachzeichnen ließe, geradezu wissenschaftlich aufarbeiten ließe. Aber zu welchem Zweck? Es ist doch letztlich völlig sinnlos, weil es uns keine Idee von der Welt bringt; die beiden Damen uns keine neue Idee (nicht einmal eine kleine Perspektive) hinterlassen haben. Wir brauchen die beschriebenen Artefakte nicht zu erforschen, um eine Interpretation deren beider Leben zu bekommen, wie es Literaturwissenschaftler tun, die in das Leben eines bedeutenden Schriftstellers kriechen und es vermessen und jeden Winkel ausleuchten und jedes Papierl untersuchen, auf dem er oder sie sich etwas notiert hat (und war es nur die Einkaufsliste für die Greißlerei), sodass wir dann über jeden – auch nichtmetaphorischen gemeinten – Furz informiert sind, und uns sein oder ihr Werk damit vollends zerstört worden ist. Diese Gefahr hat hier gleich gar nicht bestanden.

Und doch retteten wir uns aus dieser Verzweiflung, und damit die Dinge aus dem Hause Höfler vor der Schutt- und Entsorgungsmulde, indem wir plötzlich ein neues Ordnungssystem entwickelten, es den Bewohnerinnen gleich taten und neue Kategorisierungen festlegten: vier Haupt- und zwei Unterkategorien, damit es nicht zu einfach wird. Erstens braucht es Dinge, will man ein Buch daraus machen. Litera a, also erste Untergruppe, um Dokumentationsmaterial zu haben, um Substanz für die Fakten zu generieren. Litera b, um kleine Artefakte, gleichsam Grabbeigaben, dem Buch beizugeben – also um Buchbeigaben zu generieren. Zweitens braucht es manche Dinge weiterhin, um sie wieder im Haus zu platzieren. Das hat nichts mit Nostalgie zu tun, sondern mit Konservativismus. Der versucht das Bestehende als Kontinuum in die Gegenwart zu überführen. So mancher Fauteuil, selbst ein Engerl, taugt dazu. Nostalgiker wollen hingegen – umgekehrt – punktuell die Gegenwart in die Vergangenheit überführen. Für sie überlassen wir manche Dinge – also dritte Gruppe! – dem Altwarenhändler, das Wort Antiquitäten in den Mund zu nehmen wäre übertrieben. Und viertens – wir kommen nicht umhin – muss vieles doch entsorgt werden. Am Ende, oder vielmehr nach dem Ende, entscheiden dann doch ein paar Sekunden über den Wert und damit Bestand eines Gegenstandes. Binnen dieser Sekunden geht es darum, das Blatt, die Notiz, das Dokument, den Brief, den persönlichen Gegenstand und das akribisch beschriftete Photo in den Mistkübel wandern zu lassen – oder zum Fetisch einer vergangenen Zeit werden zu lassen. Dann wird es aufgehoben, gerahmt, an die Wand gehängt, und mit anekdotischen Geschichten aufgeladen, die jedem Betrachter mitgeteilt werden – oder noch besser: Die wiederum als Beilage, als Selbsterklärung, hinzugefügt werden, damit der nächste, dem diese Dinge begegnen, sich alleine ein Bild machen kann, und erkennt, was da vor ihm liegt. Am besten gleich mit einem Buch zum Haus.

Das „Wozu" bleibt trotzdem unbeantwortet. Wozu schreibt man das alles auf? Was bedeutet schon eines, oder in unserem Falle zwei dieser Milliarden Leben, die es gibt, und noch mehr, die es allein im 20. Jahrhundert gegeben hat, mit all ihren kleinsten Verzweigungen, ihren Erlebnissen, ihren Einstellungen, Zufällen, Gefühlen, Motiven, Beweggründen, Erklärungen und Entschuldigungen? Wozu hebt man eigentlich seine Schulbücher auf? Nur weil sie vielleicht so viel Mühe gemacht haben oder Zeugnis von Qualen sind? Sie sind wohl kaum Nachschlagwerke. Aber vielleicht wollen wir gar nicht die Vergangenheit konservieren, sondern bei all den Gedanken über diese Alltagsgegenstände Ordnung und Struktur in unser eigenes Leben bekommen, und die Wertigkeiten unserer Dinge und Tätigkeiten überprüfen.

Wir sind zumindest Nachlassverwalter, die die Befreiungsgefühle erleben, die den Aufheberinnen, den Ansammlerinnen verwehrt geblieben sind. Wir haben gleichsam Ersatzgefühle, sowie Täterkinder Schuldgefühle entwickeln können, oder Opferkinder eine Depression bekommen, die ihre Vorfahren hätten haben sollen. Wir haben Befreiungsgefühle, als wir so manches doch in die Schuttmulde wandern lassen, und können nach selbsttherapeutischen Hausbesuchen darüber lachen, den Plüschleoparden – noch nicht wissend, welche Rolle er im Leben der beiden im Fond ihres roten Cabriolets gespielt hat – weggeworfen zu haben. Würde eigentlich etwas fehlen, wenn wir alles einfach in Säcke gepackt und abtransportieren hätten lassen? Reicht nicht die Erinnerung aus? Aber wer hat die eigentlich, wer außer den beiden erinnert sich dann an all das?

Als all die Artefakte, all das Klumpert, im angemieteten Lokal nebenan gelagert waren, und das Haus leer stand, wirkte es befremdlich und fremd. Es verkörperte vorübergehend den Tod, ein Gerippe, ausgehöhlt und kalt. Völlig leblos. Leer und nur für uns voller Geschichten. Es war vorerst nur neu gedacht, so radikal neu, wie noch nie in seiner Geschichte. Da wurde immer nur weitergebaut daran, ausgebessert, eine neue Technik hat Einzug gehalten, Strom oder Kanal eingeleitet, im äußersten vielleicht die Funktion des einen oder anderen Raumes verändert. Jetzt wird erstmals ein tiefer Schnitt vollzogen: baulich, aber vor allem ideell.

Selbst beim Gang durch das leere Haus fanden sich noch übersehene Engerl an mancher Wand, Restengerl also, für die wir umgehend eine Restengerlkiste anlegten. Und ein altes, hölzernes Telephon wurde erst in einem der leeren Räume deutlich sichtbar. Ein solches mit Sprechmuschel und Einohrkopfhörer. Wir erwarteten einen Anruf Gretls. Es hätte gepasst: *Aus'm Hümmi.*

Sie hätte noch unser Aufbäumen gegen das Vergessen kommentieren können. Vielleicht als Aufbäumen gegen das eigene Vergessen, gegen Altern schlechthin, oder gegen das der Gesellschaft, oder gegen deren Geschwindigkeit, die sich im Laufe der Lebensspanne der beiden immer mehr beschleunigt hat. Oder gegen die Komplexität der Welt. Wir haben jetzt alles gerettet, aufgehoben und niedergeschrieben. Und wir haben doch nichts gerettet. Denn alles ist schon wieder Vergangenheit – und in einem neuen ganz anderen Sinnzusammenhang.

Die Reste von Hildes und Gretls Welt sind eine von uns konzipierte Ausstellung, die ausschließlich eine Finissage hat – keine Eröffnung, und schon gar keine Dauer. Gretl dachte, das wäre möglich. Etwa, indem sie noch einmal bis weit über ihren Tod hinaus für die Grabstelle einbezahlt hat. Unter „Vater – Grabgebühr“ ist diese Causa abgelegt. Die „Grabstelle mit Steinplatte wird von Schilling 200,– auf Schilling 500,– erhöht“, heißt es in einer Mahnung. Sie wird von ihr umgehend beglichen. Für sie findet sich ein solcher Schluss nicht. In der Schachtel mit der Aufschrift „Fahnen“, in der uns durchaus nicht überrascht hätte, eine Hakenkreuzfahne zu finden, waren nur die zuletzt gebräuchlichen: eine rotweißrote, eine in den Garser Gemeindefarben, und eine schwarze Fahne. Wir haben sie nicht gehisst.

sind am
Friedhof
BITTE NICHT
KLOPFEN !

Unter den vielen Schichten der Fassadenbemalung fanden sich diverse Gelbtöne.

Das richtige Garser Gelb wurde gemeinsam mit dem Bundesdenkmalamt ausgesucht.

Auch wenn das Gebäude besonders behutsam weiterentwickelt wurde, es ist doch ein neuer Blick auf die Welt des Schuhhauses Höfler.

In einer chaotischen Welt sehnen wir uns nach Übersichtlichkeit und Ordnung. Heute sieht das anders aus als zu Hildes und Gretls Zeiten.

DANK

Familie Bernhard Ott – der geniale Weinbauer aus Feuersbrunn war der Vorbesitzer des Hauses, verwandt mit Hilde und Gretl.
Katrin Steinbacher – die wunderbare Architektin war verantwortlich für den sensiblen Umbau des denkmalgeschützten Hauses.
Dr. Engelbert Reis – der Rechtsanwalt aus Horn hat das Haus auch fotografisch dokumentiert.
Ing. Werner Fiedler – Bauunternehmer aus Gars.
Ing. Martin Falk – Bürgermeister in Gars.
Familie Julius Kiennast.
Ing. Bärbel Urban-Leschnik vom Denkmalamt.
Restaurant Ehrenberger in Gars für die großartigen Mohnnudeln.

QUELLEN

Seite 9, 40: Byung-Chul Han: Transparenzgesellschaft, Berlin 2012, S. 22.
Seite 17: Jacques-Alain Miller: The Desire of Lacan, in: lacanian ink 14, 1999; übersetzt von und zit. nach: Slavoj Žižek: Auf verlorenem Posten, Frankfurt 2009.
Seite 128: Thomas Bernhard: Werke, Band 4, Frankfurt 2005, S. 36.
Seite 127: Orhan Pamuk: Die Unschuld der Dinge: Das Museum der Unschuld in Istanbul, München 2012, S. 57.
Seite 82f: Kurt Palm: Suppe Taube Spargel sehr sehr gut: Essen und Trinken mit Adalbert Stifter. Wien, 1999, S. 72.
Seite 40: Byung-Chul Han: Transparenzgesellschaft, S 20, in: Roland Barthes, Die helle Kammer. Bemerkung zur Photographie, Frankfurt a. M. 1989, S. 104.
Seite 45f: http://kamelopedia.net/wiki/Klumpert

IMPRESSUM

Bibliografische Information der Deutschen Nationalbibliothek
Die Deutsche Nationalbibliothek verzeichnet diese Publikation in der Deutschen Nationalbibliografie; detaillierte bibliografische Daten sind im Internet über http://dnb.d-nb.de abrufbar.

3. Auflage, 2018

Lektorat: Ulli Steinwender
Cover, Satz und Artdirektion: CAPITALE Wien, Cora Akdoğan
Fotografien: Peter Coeln, Engelbert Reis
Coverfoto: Katrin Steinbacher

ISBN 978-3-7106-0213-9

Limitierte Sonderausgabe
ISBN 978-3-7106-0281-8

Christian Brandstätter Verlag
GmbH & Co KG
A-1080 Wien, Wickenburggasse 26
Telefon (+43-1) 512 15 43-0
E-Mail: info@brandstaetterverlag.com

www.brandstaetterverlag.com
#hildeundgretl

Designed in Austria, printed in the EU